KB0064591

직업을 때려치운 여자들

직업을 때려치운 여자들

서로의 레퍼런스가 된 여성들의 탈직장 연대기

이슬기 × 서현주

동아시아

인터뷰이 소개

			이름	출생연도	재직 기간	특이사항
1	교사	전직	정미(가명)	1985	2014~2022	중등 미술교사 → 일러스트레이터
2			채운(가명)	1987	2009~2012	초등학교 교사 → 번역 및 영상 편집 프리랜서
3			도도(활동명)	1977	2006~2015	사립고 수학교사 → 성평등 활동가
4			주영	1986	2009~2022	초등학교 교사 → 상담센터 대표
5			규아	1987	2010~2018	초등학교 교사 → 그림책 작가
6			가넷(활동명)	1993	2017~2023	중등 영어교사 → 작가
7			수정(가명)	1988	2009~2011, 2014~2016	보육교사 → 취업 준비 중
8			윤미	1985	2008~2021	보육교사 → 주부
9		현직	영림(가명)	1979	2004~	중등 국어교사
10			지은	1990	2013~	초등학교 교사, 전국교직원노동조합 여성부위원장
11			다솜	1989	2017~	유치원 교사, 전국국공립유치원 교사노동조합 위원장
12			경민(가명)	1988	2014~	중등 국어교사
13			혜화(가명)	1978	2002~	중등 사회교사
14			원하(가명)	1980	2003~	중등 사회교사
15			다비(가명)	1996	2019~	초등학교 교사
16			혜영	1988	2012~	초등학교 교사, 서울교사노동조합 대변인
17			진희	1971	1999~	초등학교 교사, 전국교직원노동조합 서울지부 여성위
18			미영	1980	2014~	보육교사, 전국공공운수 사회서비스노동조합 보육지부장

		이름	출생연도	재직 기간	특이사항
19		원진	1993	2016~2022	대학병원 간호사 → 간호사 일상 인스타툰 작가
20		헤그랑(활동명)	1995	2018~2020	대학병원 간호사 → 간호 교육 콘텐츠 회사 마케터
21		은지	1992	2015~2019	대학병원 간호사 → 간호 교육 콘텐츠 회사 대표
22	전직	소민(가명)	1990	2013~2017 (한국) 2018~ (미국)	대학병원 간호사 → 미국 간호사
23	간호사	민준	1996	2019~2020	상급 종합 병원 간호사 → 개인 사업
24		이현(가명)	1993	2017.4~2017.12	상급 종합 병원 간호사 → 간호직 공무원
25		태리(가명)	1993	2017~	대학병원 간호사
26	현직	순자	1965	1989~	대학병원 간호사, 전 전국보건의료산업노동조합위원장
27	전직	미나리(활동명)	1989	2016~2020	에미레이트항공 승무원 → 유튜버, 외항사 면접 티칭 강사
28	항공사 승무원	나연(가명)	1985	2008~	대한항공 승무원
29	현직	선화	1982	2002~	대한항공 승무원, 전국공공운수사회서비스노동조합 대한항공직원연대지부 여성부장
30		한별	1990	2011~2022	시사 프로그램 작가, 전 방송작가유니온 위원장 → 노무사 준비 중
31	방송 작가	전직	현제(가명)	1978	2000~2010	예능 프로그램 작가 → 프리랜서 작가
32		승희(가명)	1988	2013~2021	시사 프로그램 작가 → 뷰티 회사 마케터

의원면직[1]합니다

현주

'그 좋은 철밥통을 왜 걷어차?' '여자는 선생이 최고잖아.'

나는 교대에 가기로 마음먹었을 때부터 직업적 안정성과 연금에만 관심이 있었다. 적성이나 소질, 경제적 보상에 관심을 기울이기보다는 남들이 좋다고 하는 데에 뭔가가 있을 거라 기대했다. 대신 직장에서 가늘고 길게 버티면서 꼭 연금을 받겠다고 다짐했다.

직업은 돈벌이 수단이기도 하지만 자아실현을 할 수 있는 장이기도 하다. 그렇다면 나는 어디에 중점을 둔 교사로 살고 있는가. 2009년부터 2022년까지 교사라는 정체성으로 살면서 해답을

---

1   공무원 자신의 사의辭意 표시에 의하여 공무원 관계를 소멸시키는 행위.

찾지 못했다. 초점은 시간이 갈수록 희미해졌다. 그러고는 연금 수령을 포기하기로 결정했다.

남들은 못 해서 안달인 그 직업을 왜 그만둔 건지 질문이 쏟아진다. 그냥 힘들어서 도망가는 거 아니고, 하고 싶은 것이 있어서. 한 번 사는 인생 후회 없이 살고 싶어서. 여러 번 설명을 하다 보니 지쳐간다. 분명 나와 같은 사람이 어딘가에 또 있을 텐데.

이슬기 기자에게 도움을 요청했다. '저처럼 선생 그만둔 여자들이 있지 않을까요? 그 사람들을 좀 만나서 책으로 풀어보면 재밌을 것 같은데.' 처음에는 단순 호기심에서 출발했다. 한국 사회에서 회사원이 이직을 한 것은 그다지 큰 관심을 끌지 못하지만, 일등 신붓감으로 랭크되었던 공립 교사를, 즉 철밥통 공무원을 그만두었다는 것은 확실히 구미가 당기는 이야기였기에.

평생직장이라는 단어는 지나간 트렌드가 된 지 오래다. 세상이 변하는 속도는 점점 더 빨라지고 자기가 무엇을 할 수 있는 사람인지 알라는 조언은 더 무거워진다. 우리는 교사가 '여자 하기 좋은 직업'의 대명사라는 것을 다시 한번 상기시키며 비슷한 결을 지닌 직업들도 함께 탐색했다. '선때녀(선생을 때려치운 여자)'에 대한 궁금증에서 출발한 취재는 전직 간호사, 방송작가, 보육교사, 승무원의 언어와 현직에서 일하고 있는 이들의 소리까지 담았다. 그렇게 '직업을 때려치운 여자들'은 2년 동안 32명의 인터뷰이를 만난 기록으로 완성되었다. '직때녀'가 된 이유는 모두 개인적이지만 그 직업을 가지게 된 이유는 비슷했다. '여성에게 추천되는 직업'이라는 커다란 테두리다.

우리가 만난 사람들은 중도 탈락자가 아니다. 그러나 개척자라고 하기도 아직은 어렵다. 단순 이분법으로는 설명할 수 없다. 그저 자신의 욕구에 비교적 더 집중한, 조금은 용기 있는 사람들이다. 그들은 자신의 내부 세계와 외부 세계를 세밀하게 관찰한 명민한 사람들이었다. 홧김에 때려치운 사람은 아무도 없었다. 모두가 진지했고, 자신만의 이야기가 있었다.

신규 공무원과 교사 사직 건수가 늘고 있다는 뉴스를 보면서 우리가 만난 인터뷰이들은 단순히 특이한 사람은 아니라고 여겨진다. 오히려 시대의 흐름에 반 발짝 정도 앞서 나간 사람인 것일 수도. 하지만 이제부터 나올 이야기가 직업 탈출 권유와 사직 팁에 있을 거라고 기대하면 조금 곤란하다.

앞서 언급했듯 호기심에서 출발한 이 기획의 첫 구상은 가벼운 인터뷰집이었다. 하지만 인터뷰이에게서 건너온 다양한 직종의 숨어 있는 이야기를 들으면서 우리는 이것을 개인의 경험 수준에서만 정리할 수 없다는 결론을 내렸다. '구조적인 문제를 건드리기 시작하면 머리가 아파질 것 같은데 어느 선에 맞춰야 하나'를 고민하던 도중 2023년 여름 서이초 사건이 터졌다. 서울 서초구 서이초등학교에 근무하던 24세 저 경력 교사가 자신이 담임을 맡았던 1학년 교실 옆 공간에서 숨진 채 발견된 사건이다. 서이초 교사 사망 사건 이후로 그동안 언론에서 크게 다루어지지 않았던 교사 노동권 이슈가 연일 보도되었다.

지인들에게 늦은 밤에 자꾸 메시지가 왔다. '너 많이 힘들었겠다. 그만뒀다고 했을 때 이해 못 했는데. 선생님들이 그렇게 힘든 줄 몰랐어.' 교사인 친구들은 서로에게 말했다. '우리 죽지 말고 살아내자.' 2022년 나의 사직에서 시작된 나와 슬기의 작은 동력은 예상치 못한 2023년 교권 침해 이슈를 맞닥뜨리며 가속도를 내기 시작했다.

이 책은 해당 직업을 꿈꾸는 사람들에게는 감동 파괴로 다가올 수도 있으면서, 업계 종사자에는 공감을 불러일으킬 수도 있다. 직업들과 연결 지점이 없는 독자에게는 진로 교육서가 될 수도 있고, 어쩌면 '이거 하지 마'라는 언니들의 조언이 될 수도 있다.

그들은 자신의 인생 이야기를 솔직하게 들려주었다. 나와 슬기는 이를 구조적 관점으로 해석하려고 애썼을 뿐, 어떤 의도로 책이 읽히기를 바라지 않는다. 그러니 여러분은 색안경을 끼지 않은 채로, 이들의 삶을 개인의 스토리로 봐주시길 바란다. 만약 그들의 미시적인 세계에서 공통점을 발견했다면 어째서 그러한 지점이 발현되었는지 숨어 있는 구조와 배경에 집중해 주시길 바란다.

당신 근처의,
가장 가까운 레퍼런스

슬기

2022년 3월, 현주는 사직계를 썼다고 말했다. "네?" 현주는 14년 차 초등학교 교사였다. 나는 봤다. 삼수까지 해서 선생님이 되기 위해 교육대에 들어간 친구를, 30대 중반이 넘은 지금에서도 직업적 안정을 이루지 못하자 "엄마 말마따나 사범대나 갈 걸 그랬다"라며 후회하는 친구를. 내 또래 여자들에게 교사라는 직업은 그런 중차대한 의미다. 그걸 현주는 "때려치웠다"라고 말하는 것이다.

4월 1일 만우절 날, 현주의 사직계가 거짓말처럼 수리됐다. 이어 현주가 한 말은 더욱 놀라웠다. "기자님, 요즘 저처럼 그만두는 선생님들이 많은 거 같은데요. 같이 인터뷰해서 책으로 써보면 어때요?" 현주와 나는 2021년 내가 진행했던 대담 기사 '대

담한 언니들'을 통해 인터뷰이와 인터뷰어로 처음 만나 오가며 소식을 주고받는 사이였다. "정말요? 정말 그래요?" "네. 옛날만큼 연금 혜택도 별로 없고요. 코로나19 이후 학교 분위기가 최악이라 다들 견디기 힘들어해요." 현주는 주변에서, 혹은 활동하고 있는 현직 여교사들의 커뮤니티에서 '의원면직했습니다'로 시작하는 얘기들을 자주 본다고 했다. 다른 전공보다 현저히 높은 교육대·사범대 입결(입시 결과), 임용고시에 합격하기 위해 남몰래 벌였을 그들의 분투를 알기에 나는 더 의아했고, 그래서 책으로 쓸 만하다고 생각했다. 그렇게 나와 현주가 뭉쳤고, 출판사에 기획안을 냈다. 그 과정에서 교사 외에도 여성들에게 전통적으로 좋은 직업이라 여겨졌던 간호사, 승무원 같은 '여초' 직업들 전반에서 이탈 현상이 일어나고 있다는 걸 알았다. 왜일까. 우리는 그것이 궁금했다…

그리고 집필 활동을 한참 이어가던 그해 12월, 나도 10년째 다니던 직장을 '때려치웠다'. 아무리 우리 책의 가제가 '직장을 때려치운 여자들'이기로서니 나 또한 그렇게 될 줄이야. "우리 책 제목처럼 됐네요." 서울역 부근의 브런치 카페에서, '직딩'이라면 시도하기 어려웠을 긴긴 점심을 즐기며 현주와 마주 보고 웃었다.

이 책은 나나 현주 같은 여자들의 이야기다. 부모와 학교, 사회의 권유로 이른바 '여자 하기 좋다'는 직업들에 투신했던 여자들이 자신의 삶을 어떻게 꾸려왔는지에 관한 얘기다. 그리고 직장인으로서 살던 그들이 멈춰서기를 결심했을 때, 과연 그들에겐 무슨 일이 있었으며 이후 어떻게 살고 있는지를 좇는 얘기다. 우리는 32명의 여성들을 만났고, 우리와 다른 듯 닮아 있는 여성들의 모습에 때론 감탄하고 때론 한숨 쉬며 고개를 주억거렸다.

그래서 이 책은 선택 혹은 삶의 궤적에 관한 공감기이자 분투기다. 진로 고민이 많은 입시생, 구직 활동에 여념이 없는 취업 준비생, '사회생활'의 한복판에서 나를 잃어버린 직장인 등이 모두 공감할 수 있는 얘기들로 채우고자 노력했다. 여기 실은 여성들이 모두 다 세상이 부러워할 '성공 사례'들은 아니다. 그러나 자기 본연의 모습으로 살고자 했고, 고심 끝에 제 목소리를 내는 데 주저하지 않았던 우리 주위의 여자들이다.

책의 초고를 탈고하고 한참 수정 작업이 진행 중이던 2023년 7월 18일, 서울 서초구의 서이초등학교에서 20대 여성 교사가 스스로 목숨을 끊었다. 교사들의 극단 선택 소식이 연이어 나오고, 교사들이 거리로 나와 '교권 침해' 문제를 거듭 수면 위로 떠올렸다. 우리가 취재하던 간호사와 유치원·어린이집 교사들 사이에서는 간호법 제정안 폐기 사태, 유보통합(영유아 교육·보육 통합) 국면에서 정작 당사자들의 목소리가 소외된다는 지적이 나오고 있었다. '직때녀'뿐 아니라, 현장에 남아 있는 여자들의 목소리도 함께 들어야겠다는 판단이 섰다. 여전히 그 자리에 버티고 선 여자들의 노동을 바꾸려는 노력을, 이들 여초 직업군에 공통적으로 적용되는 문제점과 해법을 구조적으로 짚어야 했다. 이를 위해, 각 직업군의 현직자와 노동조합 관계자들을 추가로 만났다.

노파심에 얹는 얘기 하나. 여기서 여초 직업의 대명사로 언급되는 교사, 간호사, 승무원, 방송작가를 폄하할 생각이, 우리는 전혀 없다. 교사와 간호사와 승무원과 방송작가 들 모두가 직업을 사회적 압박에 의해 피동적으로 택했다고 말하는 것도 아니다. 단, 여성들이 가진 각양각색의 꿈이 왜 몇 안 되는 직업들로 좁혀져야 했는지, 그것은 정말로 여성들에게 좋은 직업이었는지는 따져봐야 한다고 생각했다. '여자 하기 좋은 직업'이나 '일등 신붓감 직업' 등의 성차별적인 언사를 떠나 '사람으로서 하기 좋은 직업'을 만들기 위해서라도.

'직때녀'를 쓰다 직때녀가 된 우리들이기에, 당사자로서의 우리의 얘기도 많이 넣었다. 특정 직업을 갖기까지의 여정과 직업인으로서 느꼈던 기쁨과 슬픔, 그리고 '탈직장'의 상태인 오늘날의 모습까지도. 슬기와 현주가 앞서거니 뒤서거니 하며 서로의 레퍼런스가 됐듯, 이 책을 읽는 여성들에게 책에 나오는 모든 이들이 레퍼런스가 되길 바란다. 레퍼런스가 있으면 두렵지 않다. 서로의 발자국이 길을 알려줄 것이기에.

차 례

1장

우리는
왜
여초 직업을
선택했을까

• 일러두기
  본문에서 단행본은 『 』, 일간지·잡지 등은 《 》,
  논문·보고서 등은 「 」, 기사·시리즈·방송프로그램 등은 〈 〉로 구분했다.

1. ——————

내가

—————— **교사를**

택한 이유

현주

'꿈은 없고요, 그냥 놀고 싶습니다.' 친구들과 노는 것이 제일 좋았던 나는 진로나 직업에 대해 깊이 고민해 보지 않은 채 2004년 첫 수능을 보았다. 변명을 하자면 당시에는 뚜렷한 진로 지도가 없었고, 나의 적성과 흥미가 무엇인지 생각해 볼 기회도 별로 없었다. 가끔 모의고사를 치면 성적표 귀퉁이에 쓰인 문구 '현재 성적으로 지원 가능한 대학: ○○대'를 통해 처음 듣는 대학 이름을 알게 되는 것이 내가 기억하는 진로 교육의 전부였다. 공부를 잘하면 좋은 대학에 갈 수 있다는 사실은 알았지만, 그것이 나에게 어떠한 미래를 보장해 주는지 잘 알지 못했다.

그렇게 2004년 3월 점수에 맞춰 모 대학 영어영문학과에 입학했다. 고3 담임 선생님이 '여기면 적당하겠다' 하고 찍어준 학교였다. 새 학기가 시작된 지 3주쯤 지났을까. 지하철역에서 걸어서 10분 이상 한참을 들어가야 하는 학교의 오르막이 그날따라 더 높아 보였다. '좋아하지도 않는 영어영문과를 와서 이게 뭔 고생이람. 수업도 재미없고.' 아무 목표 의식 없이 수험생 기간을 보내고, 타인이 추천한 대학에서 생활을 하다 보니 학교에 정을 붙이기 어려웠다. 수업에 들어가기도 전에 기력을 다 써버린 나는, 원어민 교수의 스피킹 강의 시간을 자체 휴강하고 평소에 못 가봤던 학교 건물을 이곳저곳 탐방했다. 고딕 양식을 닮은 어느 건물 기둥에 붙은 포스터가 눈에 띄었다. 정갈한 묶음 머리를 하고 활짝 웃고 있는 예쁜 홍보 모델 언니의 얼굴이었다.

　자랑스러운 졸업생, □□학번 ○○기업 비서 김이박

　나는 사장을 꿈꾼 적은 없지만 그렇다고 비서를 꿈꾼 적도 없었다. 비서가 나쁘다는 것이 아니라 그냥 남을 서포트하는 일에는 별로 흥미가 없었다. '우리 학교는 졸업해서 비서로 취직한 언니를 홍보 모델로 내세우는구나. 나도 정말 잘되면 비서가 되는건가? 아니, 난 저 언니보다 예쁘지도 않은데 비서도 못 될 것 같아. 그럼 나는 졸업하고 뭘 해야 하지?'

　대학 홍보 모델이 얻은 직업인 비서는 별로 하고 싶지도 않고, 내가 될 가능성도 낮아 보였다. 우리 과에서 잘되면 영어교사가 된다는데, 어학연수 비용을 들이고 교직 이수까지 해야 하는 점이 버겁게 느껴졌다. 딱히 하고 싶은 것도 없는데 나는 둘 중 어떤 길을 목표로 해야 하나. 그때, 엄마의 목소리가 떠올랐다. '여자는 선생님이 최고야. 공무원이라 연금도 받지, 애 키우면서 직장에서도 안 잘려.'

검색창에 '선생님 되는 방법'을 입력하고 정보를 찾아봤다. 사범대, 교직 이수, 교육대학원, 교육대학교. 이 중에서 가장 교사가 되는 빠르고 편한 방법은 교육대학교에 진학하는 것이었다. 내가 찾은 정보에 의하면 교육대학교는 학비도 싸고 졸업하면 대부분 교사가 될 수 있다고 했다.

새내기 생활을 두 달도 하지 못한 그때, 만 열아홉 살짜리가 며칠 고민 끝에 얻은 결론은 이랬다. "엄마, 저 자퇴할래요. 대신 엄마가 하라고 한 선생님 그거 될 테니까, 교대 가게 재수 학원 보내주세요. 꼭 교대 갈게요." 엄마가 누누이 얘기했던 '여자 직업으로 최고인 그 직업'을 얻겠다는 의지가 보였던 걸까? 부모님께서는 우리 집안 형편에 다소 무리인 비싼 재수 학원행을 허락하셨다.

'여자는 선생님이 최고다.' 그때는 그 문장이 함의한 것의 10%도 이해하지 못했다. 내가 만났던 선생님이라는 직업은 가르침을 주는 사람이긴 하지만 늘 학생들과 부대끼며 대치하고, 뒷담화의 대상이 되고, 자주 피곤하고 바빠 보이는 존재였기 때문이다. 좋은 직업이라 함은 그 직업을 가진 당사자, 혹은 그것을 지켜보는 사람이 공히 인정해야 할 텐데 내 눈에는 교사가 그리 좋은 직업으로 보이지 않았다. 하지만 주변 사람들이, 언론에서 신붓감으로 좋은 직업이 교사[2]라고 하니 그런 줄만 알았다. 많은 사람이 선망하고 희망하는 것에는 분명 내가 모르는 장점이 있을 거라 기대했다. 그 당시 나는 언젠가 결혼을 해서 행복한 가정을 꾸릴 거라고 믿어 의심치 않았기 때문에 기왕이면 사람들이 신붓감으로 좋아하는 직업을 가지면 좋겠다고도 생각했다. 현재의 시점에서는 결혼을 고려하며 직업을 선택한다는 것이 비주체적인 것을 넘어 비현실적으로 보일 수도 있다. 그러나 IMF 사태를 겪으며 성장한 1980년대생들이 속해 있는 사회적 자장 안에서는 경제적 안정성이 그 무엇보다도 중요했다. 여자든 남자든 '결혼'과 '출산'이 인생 과업 중 하나로 당연시되던 분위기였고, 직업적인 안정성은 생존을 위해 갖춰야 하는 하이퍼리얼리티적인 조건 중 하나였던 것이다. 그러다 보니 교사라는 직업이 요구하는 자질보다는, 좋은 성적을 받아서 교육대학교에 가야겠다는 목표에 집중할 수밖에 없었다.

목표를 설정하고 뛰어든 2005학년도 두 번째 수능에서는 첫 번째 수능보다 훨씬 향상된 점수의 성적표를 받았다. 점수가 좋아졌다 뿐이지 진로 적성을 좀 더 잘 파악한 처지는 아니었다. 등록금이 비싸다고 소문난 서울 Y대의 간호학과, 비교내신이 적용

---

2 최효찬, 2002/10/31, "최고 신랑감 '프로그래머', 신붓감은 '교사'", 《경향신문》.

되어 학생부가 안 좋아도 수능 성적에 따라 내신 점수를 주는 지방 C교육대학교, 성적 우수자들에게 행정고시 패스를 위한 장학금을 통 크게 지원한다는 서울의 K대에 원서를 썼다. 모두 여자애가 안정적인 직업을 가질 수 있는 환경의 대학에 지원했다. 세 군데의 대학 중에서는 당연히 교육대학교를 택했다.

교육대학교 합격 소식을 가지고 고3 때 담임 선생님을 만나러 교무실에 들렀던 기억이 떠오른다. "선생님 저 C교육대학교 합격했어요." "네가? 어이구." 특별히 모나진 않았지만 성실한 모범생도 아니었던 내가 교대에 간다고 하니 담임 선생님은 놀란 눈치였다. 내가 다녔던 사립 고등학교에서는 교대에 간 여학생이 손에 꼽을 정도로 평균 학업 성취도가 낮았기 때문에 더욱 놀라셨던 것 같다. 2000년대 중반에는 여학생들에게 최고의 인기 대학으로 교대가 꼭 뽑혔었는데 이런 칼럼도 있었다. "젊은이들의 철밥통 선호는 대학 진학에서부터 나타난다. 일선 고교 교사들의 말을 들어보면, 최근에는 연세대·고려대와 서울교대·경인교대에 중복 합격한 여학생의 경우 서너명 가운데 하나를 뺀 나머지는 교대를 선택한다고 한다."[3] 나의 고3 담임 선생님도 이러한 입시 분위기를 잘 알고 계셨을 것이다. 선생님은 축하의 말을 전하시며 덧붙였다. "선생님이라는 직업이 쉽지는 않을 거야. 열심히 해."

3　이용원, 2006/12/14, "젊음이여, 철밥통을 걷어차라", 《서울신문》.

가족들과 친구들의 축하를 받으며 서울을 떠나 지방 교대 생활을 시작했다. 가족과 떨어져 지내야 한다는 것이 두려웠지만 교대에 입학한 것을 누구보다 기뻐하는 엄마의 모습을 보니 뿌듯하고 나 자신이 기특했다. 재수를 했으니 대학에서 동생들과 지내려나 했더니 웬걸, 교대에서 재수생은 그냥 아기였다. 삼수 이상의 N수생은 물론이고 다른 대학을 다녔던, 졸업했던, 졸업하고 다른 직장까지 다녔던 다양한 스토리를 가진 '장수생' 학생들이 정말 많았다. IMF 이후 고용 불안정 염려 때문이었을까. 실제로 내가 입학했던 2005학년도 교육대학교 입학자 중 재수자 비율은 56.3%로 역대 최고치[4]였다.

다른 학부를 졸업하고 온 사람, 직장을 다니다가 온 사람들은 나에게 다 큰 어른으로 보였다. 실제로 젊은 교수님과 나이 차이가 그리 많이 나지 않는 사람들도 있었는데, '열심히 공부해서 다시 대학에 올 정도면 교사라는 직업이 정말 좋은 직업인 건가?' 생각이 들었다. 남들이 어렵게 돌아온 길에 나도 함께 있다는 것이 잘한 선택으로 여겨져 기뻤다.

언젠가 교육대에서 학우들과 이야기를 나눈 적이 있다. 왜 교대에 오게 된 거냐고. 부모님이 추천해서, 아이들을 좋아해서, 공부를 잘해서 성적이 좋았기 때문에, 교사가 여자에게 좋은 직

---

4 최유란, 2019/2/11, "교대 입학생 10명 중 4명이 재수생… 연도별 교대 입학자 성비, 재수생 비율 분석해보니", 《에듀동아》.

업이라고 하니까 등 다양한 이유가 있었다. 그것들의 기저에는 안정성, 공무원, 연금 등 직업이 주는 장점이 깔려 있었다. 하나 더, '우리 집이 부자였다면 교대는 오지 않았을 것'이라는 자조적인 이야기도 자주 따라다녔다. 형제가 여럿인 경우 그중 가장 가성비 넘치는 착한 선택을 한 사람들이 교육대학에 모여 있었다. 딸, 딸, 아들 삼 남매 중 K-장녀인 나도 물론 포함이었다.

교대 바보와 여교사

'서울대에서 전교 1등 했던 것을 자랑하는 것은 바보'라는 우스갯소리가 있듯, 교대에도 3대 바보가 있었다. 장학금 못 받는 학생, 교대에서 CC(캠퍼스 커플) 하는 여학생, 교대에서 CC 못 하는 남학생이 3대 바보다. 교육대는 학비가 저렴하고 장학금 지급 비율이 높기 때문에 뭐 하나라도 장학금을 받는 경우가 대부분인데, 그렇지 못한 학생은 바보 취급을 받는다.

교대에서 캠퍼스 커플이 탄생하면 성별에 따라 그 평판이 극명하게 갈려 한쪽만 바보가 된다. 여자의 경우 CC를 하게 되면 결혼 상대로 남교사를 맞게 될 수도 있는 거라 그것이 훌륭한 선택지는 아니라는 것이다. 교대 입학 성적으로 봤을 때 남학생 보다 여학생의 성적이 높고 졸업 후에도 여성 교사와 남성 교사에 대한 사회적 인식 차이가 다르기 때문이었다. 여교사는 '일등 신붓감'이라는 말이 그 전부터 늘 있어왔던 것도 우연이 아니다.

반면, CC를 못 하는 남자 바보는 극강의 여초 집단에서조차 여성을 파트너로 얻지 못한, 사랑의 작대기에서 처참하게 탈락한 그들을 조롱하는 단어였다. 재미있는 것은 나중에 남자 바보 ver2.0도 등장한 것인데, '교대 때 캠퍼스 커플을 해서 결혼한 남자'를 남자 바보 ver2.0이라고 불렀다. 먼저 졸업하고 현직에 있는 선배들의 말에 의하면 남교사는 예쁘고 어린 신규 여교사를 '골라잡을 수 있는데' 뭐 하러 좁은 대학에서 한정된 여성 풀pool에만 집착하냐는 거였다. 학교 현장에서 남교사에게 쏠리는 애정이 돋보이는 단어였다.

교대 바보의 이야기를 듣고 있으면 같은 직업이라도 성별에 따라 그 가치가 다르게 매겨지고 있음을 느낀다. 좋은 직업이라면 여성, 남성에게 모두 좋아야 하는데 왜 유독 교사는 '여자에게 좋은 직업'이라는 꼬리표가 따라다닐까. 여교사들은 정말 이 직업이 여성에게 좋은 직업이라고 여기고 있을까? 우리는 현직 여교사들만 모여 있는 온라인 커뮤니티의 회원에게 설문조사(중복 응답 가능)를 진행하여 1,031명의 응답[5]을 받았다.

'선생님께서는 어떻게 교사라는 직업을 선택하셨나요?'라는 질문에 여교사들은 이렇게 답했다.

---

5   이슬기·서현주, 설문 조사기간: 2022/7/19~2022/7/28, 온라인 비공개 여교사 커뮤니티.

1위 부모님 등 집안 어른의 권유 478명 (46.4%)

2위 아이들을 가르치는 것이 좋아서 349명 (33.9%)

3위 취직이 보장된다고 들어서 313명 (30.4%)

4위 대학 입학 시 점수에 맞추어 279명 (27.1%)

가르치는 일이 좋아서라는 자신의 적성을 고려한 이유는 4개의 응답 중 2위이지만 중복 응답이 가능한 문항이었기 때문에 나머지 3개의 응답을 종합한 결과에 주목해야 했다. 정리하자면 여교사들은 '어른들의 권유로 취직이 보장되는 직업을 선택'한 사람들이다.

교육부가 매년 발표하는 초·중등 진로교육 현황 조사에 따르면 교사는 최근 5년간 3위권 밖으로 나간 적이 없는 단골 손님이다. 2023년 현황 조사에서도 중·고등학생 희망 직업 1위가 교사, 초등학생 희망 직업 3위가 교사였다. 2016년 조사에서는 전체에서 1위였는데, 교사 가운데서도 초등교사의 인기는 사범대보다도 높았다. 교대 임용률이 높고 중등보다는 상대적으로 가르치는 것이 쉬워 보인다는 등의 이유 때문이었다.[6]

우리는 대부분 의무 교육과정을 거치기 때문에 학교에 대해 잘 알고 교사라는 직업에 대해 안다고 더러 착각을 한다. 나 역

---

6 김정연, 2017/3/14, "성적 된다고 교대 진학? 적성 안 맞아 후회할 수도", 《한겨레》.

시 교사로 근무할 때 가장 많이 들었던 황당한 이야기가 '선생님들은 애들이랑 적당히 놀아주다가 수업 끝나는 시간이면 같이 집에 가는 것 아니냐, 혹은 수업 끝나고 그냥 노는 편한 직업이 아니냐'는 것이었다. 그럴 때마다 내가 할 수 있는 답변은 "은행원도 창구 닫으면 그때부터 시작인 것 아시죠? 학교도 똑같습니다"라는 비유적 표현뿐이었다.

현직 여교사 1,031명에게 물었다. '교사가 되기 전 예상했던 일의 형태와 실제로 일을 했을 때 크게 차이가 있다고 생각하시나요?' 이 질문에 '차이가 있다'라고 대답한 사람은 874명으로 전체 응답의 84.8%를 차지했다. 일의 형태에서 어떠한 점이 예상과 달랐는지 상세 질문을 덧붙였더니 가장 많이 나온 대답은 '행정 업무 과다'와 '학부모 민원'이었다. 가르치는 직업인 줄 알고 추천받았고, 가르치는 일을 예상하고 직업을 선택했는데 교사는 행정 업무와 대민 민원에 시달리는 행정직에 가깝다고 스스로를 평가하고 있었다.

교사가 안정적인 평생 직업이라서 많은 여성들에게 쉽게 추천된다면, 반대로 평생 그 일을 수행할 수 있는 사람인지 직무에 대한 분석도 있어야 했다. '교사는 철밥통이야'라는 격려 대신 '교사는 학생들을 가르치지만 그보다 많은 행정 업무나 민원인 대응도 정년까지 계속해야 해. 할 수 있겠어?'라는 비판적 접근 말이다.

한국 여성들의 직업 가치관에 대한 연구결과(김양희, 1998; 임순희, 1997)에 따르면 한국 여성들은 '신분 보장'과 '직업 안정성', '남녀차별이 다른 직장보다 적다'는 이유로 공무원을 선호해 왔다. 여성 교사들의 경우 역시 경제적인 이윤 추구와 안정된 생활 영위와 같은 다양한 의미를 기대하고 교직을 선택했다.[7]

나를 포함한 전현직 교사들 중 그 누구도 '가정 경제에 누를 끼치면서' 교사가 된 사람은 없었다. 내가 좋아서, 내가 잘할 수 있어서 선택한 직업과는 거리가 멀다는 이야기다. 여교사는 '여성'이 체크할 수 있는 제한된 보기 중 공부에 재능이 있는 사람들이 선택한 가장 안전한 길이었다. 나의 적성이 직업와 맞지 않을 확률에 대한 생각은 곱게 접어둔 채로.

7   이세나·최미화·서강석, 2009/12, 「초등학교 교사와 학부모의 직업관 및 진로교육에 대한 인식」, 《아동학회지》 제30권 제6호.

2. ———

'K-도터'들의
——————— 착한
선택

현주

어린이였던 내가 자주 하던 이상한 생각이 하나 있다. '서른
살 이후에는 이 세상에 내가 살아 있으려나?' 돌이켜 보니 그건
단지 죽음을 암시하는 우울한 상상이라기보다는 진로 고민에 가
까웠다. 당시 나의 주변의 가장 가까운 여성은 엄마나 이모, 할
머니 등 친척들로 대부분 가정주부였다. 내가 기억하는 위인전
속 여성은 퀴리 부인(마리 퀴리), 신사임당, 헬렌 켈러뿐이었고,
TV에 나오는 여자들도 젊고 예쁜 아가씨 다음은 아줌마, 할머니
로 역할이 한정적이었다. 서른 살 이후의 미래가 잘 보이지 않았
던 것은 가정주부와 위인 그 사이 내가 위치할 곳이 어디인지 가
늠하기 어려워서였던 것 같다.

나와는 달리 드라마 〈더 글로리〉 속 등장 인물인 박연진(임지

연 분)이 미니홈피에 적어놓은 장래희망은 현모양처다. 적당히 명망 있는 직업에 가장 예쁠 때 결혼하는 것이 연진이 꿈꾸는 미래였다. 연진은 기상캐스터가 되고 연진처럼 부유한 환경에서 자란 이사라(김히어라 분)는 미술을 전공해 '종합소득세'를 내는 화가로 살아간다.

연진, 사라와 같은 학교를 다녔지만 혜정과 동은의 진로는 사뭇 다르다. 학교폭력 가해자 그룹이지만 평범한 세탁소 집 딸 최혜정(차주영 분)은 뛰어난 외모 자본을 가지고 승무원으로 일하며 퍼스트 클래스 승객과 만나 약혼을 한다. 학교폭력 피해자이자 〈더 글로리〉의 주인공 문동은(송혜교 분)은 괴롭힘 때문에 고등학교 자퇴를 하고 공장에서 일을 하며 검정고시에 응시한다. 드라마는 동은이가 연진 딸의 담임교사가 되면서 벌어지는 복수극이 주된 이야기이지만, 나는 여성 등장인물들의 직업에 집중했다.

교대생이라는 동은의 신분은 시간 대비 고소득의 수입을 올릴 수 있는 과외 알바의 배경이 되는 장치이며 안정적인 직업의 대명사다. 동은의 양육을 포기한 친모가 동은이 교사가 되었다는 소식을 들었을 때 놀라는 반응은, '선생'이 보통 노력이 아니면 얻기 힘든 직업으로 여겨지기 때문일 거다.

동은처럼 공장에서 일하며 입시를 준비한 정도는 아니었지만 나 역시 교대를 준비할 때 그리 넉넉한 환경에서 지지를 받았던 것은 아니다. 하지만 부모님께 1년에 기천만 원이 깨지는 재수생의 길을 가겠다고 당당히 외칠 수 있었던 것은 내가 예술가나 아나운서가 되고 싶다거나, 앞으로 돈이 줄줄 나갈 해외 대학에 가겠다는 것이 아니라, 가성비 최고인 교대에 입학하겠다는 이유 때문이었다. 그것은 공무원이 되라는 부모님의 뜻을 따르면서, 향후 싼 등록금과 정년 보장 및 연금 수령으로 '페이백'하겠다는 약속을 하는 일종의 거래였다.

언니가 이러다 보니 나의 1989년생 여동생도 비슷한 길을 걸었다. 동생은 4년제 인문대에 갈 수 있는 성적이었음에도 부모님의 강력한 추천으로 취직이 100% 보장된다는 3년제 보건 계열 전문대에 진학했다. 지금은 치위생사로 일하며 능력을 인정받아 교사와 비슷한 월급을 받으며 열심히 일하고 있지만, 가끔 학사 졸업장을 갖지 못한 것이 못내 아쉬운 듯하다.

삼 남매에서 유일하게 다른 과정을 겪었던 것은 우리 집 막내인 남동생인데, 학창 시절을 그다지 성실하게 보내지 않아서 수시 모집에 지원하지 못한 친구다. 입시를 위한 한 가지 방법을 포기하다 보니 정시에 올인할 수밖에 없었고, 더 좋은 학부에 가겠다고 수능을 여러 번 보아서 부모님의 곳간을 탈탈 털고 말았다. 엄마가 막내 어릴 적 점을 보았는데 공부를 아주 '오래' 한다고 점쟁이가 말했단다. 그 점괘를 알았는지 몰랐는지 막내는 네 번의 수능 응시 끝에 '의치한약수(의대·치대·한의대·약대·수의대)' 중 하나의 전공을 갖는 데 성공했다. 나는 재수 학원에 간 것이 부모님께 늘 죄송한 불효 중 하나였는데 지금 돌아보니, 나와 여동생의 딱 한 번의 재수는 가성비 넘치는 선택이었다.

우리가 만난 인터뷰이들은 모두 나와 비슷한 처지의 'K-도터Daughter'들로 다른 형제들에 비해 착하고 기특한 선택을 한 사람들이었다. 각각의 사정은 조금씩 달랐지만 K-도터들을 크게 세 가지 부류로 나눌 수 있었다. 첫째는 욕망에 따라 하고 싶은 것을 택한 경우, 둘째는 책임감이 강하고 성실해서 취업이 잘되는 직업을 고른 경우, 셋째는 집안 어른들의 권유를 잘 새겨들어 진로를 선택한 사례들이었다.

하고 싶어서 선택한 직업

우리가 만난 대표 여초 직군 중 승무원, 방송작가를 선택한 인터뷰이들은 본인이 꿈꾸는 진로를 선택한 경우가 대부분이었다. 외항사 승무원으로 일하다가 퇴직 후 프리랜서로 살고 있는 미나리(35·활동명)는 원래부터 승무원을 꿈꿨다고 했다. '한 번쯤은 외국에서 살면서 좀 더 큰 세상을 보고 싶다'라는 생각이 들어서 에미레이트항공을 준비했어요."

나연(39·가명)은 고등학교 동창이다. 나연이 항공 승무원이 되었다는 소식을 들었을 때 큰 키에 성실한 모습이 딱 어울린다 싶었다. 나연은 대학 생활 중 진로를 고민하다가 승무원이 된 선배들의 모습을 우연히 보고 직업을 선택했다고 말했다. "수능 공부가 질려서 대학 때 학점관리를 안 했어. 그러다 보니 3학년이 되었고 취업 준비를 해야 하는데 진짜 하고 싶은 게 없었어. 보통 3학년 때 진로 결정해서 그걸 딱 파야 하는데 '어떡하지' 해서 고민하다가 휴학하고 토익 공부를 했어. 그러다가 여대 쪽으로 설명회를 많이 오잖아. 우리 학교 출신인데 대한항공, 아시아나 유니폼을 딱 입은 예쁜 언니들이 오는 거야. 설명회를 보자마자 딱 '저거 해야겠다. 저 언니들 예쁘다. 나도 저거 한번 해봐야겠다' 생각이 들었어. 우리 학교 출신 다른 직종도 왔었던 것 같은데 사실 기억이 안 나. 승무원 언니들이 좋은 얘기 한 것만 기억나. 예쁜 언니들이 웃으면서 '여러분들 여기 오시면 정말 후회하지 않으실걸요' 하니까 해보고 싶다 생각이 든 거지."

내가 첫 번째 다녔던 대학에서 비서가 된 홍보모델을 보고 자퇴를 결심했던 것은 비서가 끌리지 않기도 했지만 될 가능성이 낮아 보였던 이유도 있다. 그도 그럴 것이 나와 나연에게 차이점이 있다면 나는 160센티미터가 안 되는 단신이고, 나연은 170센티미터에 가까운 장신이다. 우리가 가진 신체적 '스펙'이 다른 꿈을 꾸게 한 영향도 있지 않을까.

현직 항공사 승무원인 선화(42)는 동생 때문에 승무원을 꿈꾸게 되었다. "저는 시골에 살아서 이런 직업이 있는 것조차 잘 몰랐거든요. 근데 남동생이 파일럿이 되고 싶어 했어요. 그래서 알

아보다가 '이렇게 비행기를 탈 수 있는 직업이 있대'라고 얘기를
해줘서 알게 됐거든요. 그때 마침 〈짝〉이라는 드라마가 있었어
요. 다른 나라도 많이 가볼 수 있고 이런 것들이 좋아 보이더라
고요."

선화는 미디어에서 나오는 모습에 반해서 진로를 정했다. 물
론 본인의 사정과도 승무원이 잘 맞아떨어졌다. "당시에 나이 제
한이 있는 게 승무원밖에 없더라고요. 지금은 나이 제한이 폐지
됐지만. 당시 승무원은 그 나이가 아니면 준비할 수 없는 직업이
었어요. 그래서 '더 늦기 전에 승무원부터 해보자' 하고 도전하게
된 거죠. 다행히 친구들이 '너는 노력하면 될 수 있을 것 같아' 그
러는 거예요. 그래서 자연스럽게 승무원을 꿈꾼 것 같아요."

승무원이 된 인터뷰이들은 안정, 현실보다는 직업이 보여주
는 외적인 측면에 더 많이 반응을 한 듯 보였다. 사실 비행기에
타거나 공항에서 일할 수 있는 직업이 승무원만 있는 것은 아니
다. 그러나 그들이 공통적으로 승무원을 꿈꾼 이유는 겉으로 보
기에 화려하고, 출중한 외모를 가진 것을 보장하는, 여성 중에서
도 한정된 사람만 할 수 있는 직업이었기 때문일 거다.

방송작가를 선택했던 이들 역시 마음이 시키는 일을 선택한
경우에 가까웠다. 승희(36·가명)는 정말 우연한 기회에 방송작가
가 된 케이스다. 좋아하는 시사 프로그램에 방청을 간 것을 계기
로 우연히 작가까지 된 것이다. "대학교 4학년쯤 문과 출신에서

할 수 있는 무난한 직업이라고 생각하는 마케팅 쪽으로 생각하고 있었어요. 방송작가는 아예 생각을 못 하고 있다가 특정 방송국의 프로그램을 우연치 않은 기회에 굉장히 좋아하게 됐거든요. 그 프로그램에서 공개 방송 방청객을 뽑는다는 글을 보고 방송국에 가보고 싶다는 호기심 때문에 방청 신청을 하게 됐고, 그게 계기가 되어 시사 프로그램에서 작가로 일하게 된 거죠. 방송 아카데미 출신도 아니고 경력도 없었는데 프로그램 애청자였던 점이 특이했던 것 같아요. 그 당시에는 '프로그램을 가까이서 보고 싶다'라는 순수한 마음으로 일을 시작했어요. 지금 생각하면 무모한 도전인데 순수한 열정이었던 거죠." 그 길로 승희는 9년 동안 방송작가로 활동했다.

한별(34) 역시 호기심과 열정으로 방송계에 발을 들이게 됐다. "원래 영화를 좋아해서 영화를 만드는 일을 하고 싶었어요. 20대 초반에 학교 다니면서 영화 현장에서 일을 하다가 돈을 버는 일을 해야겠다 싶어서 방송 다큐멘터리 막내 작가 일을 하게 됐어요. 작가 구인 공고를 우연히 보게 되었는데 그게 시작이었어요. 일을 하다 보니까 작가 일 자체가 방송 다큐멘터리를 만드는 데 역할이 굉장히 크다고 느껴졌어요. 방송 다큐에서는 PD의 역할보다 작가의 역할이 좀 더 크다는 걸 현장에서 느꼈고 '방송작가를 내 밥벌이로 해봐도 괜찮겠다'라는 생각을 한 거죠. 대학 다니면서도 중간중간에 알바하고, 방학 때 단기 프로젝트에 들어가다가 졸업하고 본격적으로 방송작가 일을 시작하게 됐어요."
한별은 꼬박 8년을 방송작가로 일하다가 방송작가유니온 활동도
했다. 현재는 사직 후 새로운 일에 도전하고 있다.

끌리는 대로 직업을 선택했던 이들은, 어쩌면 우리가 만난
K-도터들 중에서는 가장 주체적인 결정을 한 사람들이었다.

책임감이 강했던 딸들

간호사들이 병원에서 겪는 직업적 일상을 만화로 엮은 책
『간호사 마음 일기』의 저자 원진(31)은 대학 입학 전부터 책임감
이 강한 아이었다. 원진은 청소년 시절 뉴스에서 본 청년 실업에
대한 보도가 인상 깊게 와닿았던 기억을 떠올렸다. "취업이 잘된
다고 들어서 간호과 지망했거든요. 제가 중·고등학교 때 취업을
못 할까 봐 되게 불안했었어요. 뉴스에서 청년 실업이 계속 나오
는 거예요. 저는 겁이 났던 게, 하고 싶은 것도 없고 진로에 대해
관심이 없었거든요. 뉴스에서는 취준생 인터뷰가 나오고. 노량진
에서는 공무원이 되려고 저렇게 열심히 공부를 한다는데 저는 그
렇게는 못 할 것 같고."

고등학교에 갔는데 친구들이 간호학과를 희망 진로에 적는
것을 보고 원진의 생각은 더 기울었다. "간호학과가 취업이 잘되
나 보다 생각했죠. 저는 입학할 때까지도 간호사가 무슨 일을 하
는지 모르고 갔어요. 그림을 좋아했지만 그림으로는 먹고살 거라

고 생각을 아예 안 했고요. 누가 뭐라고 한 적도 없는데 스스로 간호사를 선택했어요."

취업을 염두에 두고 원진이 진학한 간호대는 꼭 '고등학교' 같았다고 말했다. "아무것도 모르고 갔는데, 공부가 흥미 있다거나 없다기보다도 그냥 고등학교 때랑 똑같은 느낌이었어요. 같은 반 친구들이 똑같은 커리큘럼을 쭉 듣거든요. 휴학도 하지 않기 때문에 대학 내내 함께해요."

4년을 휴학 없이 쭉 다니냐는 질문에 원진이 대답했다. "간호학과는 휴학이 흔하지 않은 곳이라서요. 학부 시절 스펙이나 자격증 같은 것이 크게 중요한 건 아니라서 쭉 학교를 다니고 바로 일하는 것이 대부분이에요." 보통의 대학생들은 취업에 필요한 '스펙'을 쌓기 위해 복수전공, 어학연수, 자격증 시험, 인턴제 참여 등을 하는 것이 일반적이지만 원진이 만난 간호학과 동기들은 그렇지 않았다. 취업이 비교적 용이하고, 휴학을 통한 스펙 쌓기가 취업에 큰 영향을 미치지 않기 때문에 유휴기간 없이 빠르게 일터로 나가려고 했던 것이다. 실제로 2학년 간호대학생 진로에 대한 한 연구 결과[8]에 따르면 간호학과에 지원한 동기는 '취업을 고려하였다'의 응답이 46.6%(97명)으로 가장 많았다.

"간호대 학생이 간호 국가고시를 치고 그 결과가 나오기 전

---

8 박서아·신경숙, 2023, 「간호대학생의 진로결정 자기효능감, 전공만족도 및 사회적 지지가 진로결정수준에 미치는 영향」, 《한국산학기술학회 논문지》 제24권 제2호, 592-601.

에 일하는 경우도 왕왕 있어요. 원칙적으로는 안 되는 거지만 병원에 인력이 너무 부족하니까 합격인지 불합격인지 나오기도 전에 일단 채용을 하는거죠."

지은(34)은 나와 똑같이 딸, 딸, 아들 중 장녀이며 현직 초등교사다. 지은은 장녀답게 부모님의 은퇴를 고려해서 지방 교육대학교 진학을 결정했다. "제가 K-장녀거든요. 대학에 갈 시기가 왔었는데, 안정적인 게 중요한 거죠. 막내 남동생이 대학 갈 때쯤 우리 아빠는 퇴직을 하실 나이가 되는 거니까. 그거에 대한 것은 부모님이 얘기하지도 않았는데…"

지은은 누가 시키지도 않았는데 부모님의 사정을 먼저 고려한 착한 효녀였다. "제가 강원도 사람이니까 가까운 춘천교대 정도면 등록금도 싸고 일단 직업이 보장이 된다, 그런 게 컸었죠. 사람들이 물어보면 '그냥 점수 맞춰서 갔어요' 했는데 더 깊게 들여다보면 책임감이 있었던 거예요." 갓 스물이 된 여학생의 머릿속에 꿈, 도전, 진취성 대신 안정성, 퇴직, 보장, 책임감 등의 키워드가 자리 잡고 있었다는 것이 안쓰럽다.

다비(28·가명)는 제주도 출신으로 현재는 부산에서 초등교사로 근무하고 있다. "제주도에 있다 보니까 제가 경험하고 상상할 수 있는 직업군의 한계가 있었어요. 소위 말하는 공부 열심히 하고 말 잘 듣는 학생으로 계속 커왔는데 '부모님과 선생님들의 기대에 부합할 수 있는 직업을 갖고 싶다'라는 마음이 좀 컸던 것 같거든요." 다비가 멘토처럼 따랐던 국어교사는 다비가 교육대학교에 가는 것을 말렸다고 한다. 국어 선생님이 "'너의 능력들을 더 펼칠 수 있는 게 많은데 왜 교사를 하려 그러냐' 하면서 농담 반 진담 반 얘기하셨어요. 그때 선생님의 표정이 아직도 기억나요." 교대를 가지 않았으면 한다는 교사의 만류에도 불구하고 다비는 어른들을 기쁘게 할 수 있을 거라 생각해 교대를 선택했다.

8년 차 유치원 교사 다솜(35)에게 교사가 된 이유를 묻자 그는 머뭇거리며 대답했다. "저는 이 직업 아니면 절대 안 돼, 이런 거는 아니었어요. 그래서 유치원 교사를 선택한 이유를 자신 있게 말씀드리기가 민망하기도 하고 거창한 이유도 사실 없어요. 그냥 수많은 장래 희망 중의 하나가 유치원 교사였고 그중에서 현실적인 문제를 고려해서 선택한 거라고 보면 될 것 같아요."

다솜의 입에서 '현실적인 문제'라는 말이 나오는 것은 나의 많은 교대 동기들이 말했던 것과 다르지 않았다. '우리 집이 부자였다면 굳이 교대에 오지는 않았을 거야'라고 생각한 것은, 교사가 되는 길이 다른 전공 계열보다 비교적 적은 비용이 들며, 직업을 가진 후에는 먹고살 걱정 없이 '평생직장'을 유지한다는 의미를 갖고 있었다.

다솜은 하고 싶은 것이 많았다고 한다. "연극 영화 계열, 작가, 기자, 변호사 등 하고 싶은 일들이 되게 많았어요. 솔직히 말하면 그중에서 가정 형편이나 제 능력치, 성공 가능성, 이런 것들을 계산기를 두드려 보고 선택한 거죠." 교사가 되기 위해 전공을 선택한 사람들 중에 계산기를 두드리지 않고 진학한 사람이 얼마나 될까? 본인은 계산기를 두드릴 줄 몰랐다 하더라도 집안의 어른들은 분명 빠른 계산을 마치고 안도하고 있었을 것이다.

다솜은 유아교육과와 국문학과를 동시에 합격했는데 어른들의 칼 같은 결정에 유아교육과 진학을 선택했다. "'국문학과를 졸업해서 뭘 할 수 있겠니. 유아교육과에 가서 임용을 보면 교육 공무원이 될 수 있으니까 무조건 유아교육과에 가라' 그런 거죠." 다솜이 유아교육과에 진학했다고 하자 주변 반응은 이랬다. "'너 유아교육과 갔으니까 시집가기 편하겠다', '교육 공무원 될 테니 일등 신붓감이네' 같은 말을 들었어요."

벗어나기 힘든 어른들의 강력한 권유

우리가 만난 K-도터들 중 가장 많은 사례는 진로 선택에 집안 어른의 입김이 들어간 경우다. 실제로 「성별에 따른 부모진로지지와 진로포부와의 관계」[9] 연구에 따르면 여학생은 부모의 지지나 격려 등과 같은 환경으로부터 얻어지는 긍정적인 자원이 진로포부형성에 보다 중요한 요인이라고 밝혔다. 반면 남학생은 부모의 지지보다는 개인의 인지적 요인이 진로에 중요한 영향력을

---

9 최수미, 2013, 「성별에 따른 부모진로지지와 진로포부와의관계」, 《아시아교육연구》 제14권 제2호, 213-234.

행사했다고 한다.

사립고 수학교사로 재직하다가 성평등 활동가로 살고 있는 도도(47·활동명)는 부모님의 권유와 경제적인 이유 때문에 사범대 진학을 선택했다고 회상했다. "집안에서 '공부가 더 오래 걸리는 학교나 공대 이런 데는 지원을 해줄 수 없다'라는 이야기가 있었어요. 농사꾼의 자식이라 되게 가난했거든요. 그리고 부모님이 생각하는 세상에서, 대학을 졸업한 여성이 얻을 수 있는 직업이 교사였던 것 같아요."

도도는 5녀 1남 중 다섯째 딸이다. 언니들 중에서는 집안 형편 때문에 대학에 가지 못한 이도 있었다. 도도는 당시 의대나 포항공대에 진학할 수 있는 뛰어난 성적을 내었고, 본인도 그중의 한 곳으로 진학을 원했다. 하지만 어른들에게는 여성이 의대나 포항공대를 간다는 것에 대한 인식 자체가 없었다고 한다. "담임 선생님과 부모님이, 여자니까 사범대를 권유한 거고, 저는 오케이 한 거죠." 다른 전공으로 뻗어나갈 수 있는 가능성이 충분했는데도 어른들의 뜻을 거스르지 못해 도도는 수학교사가 되었다.

혹시 성적 좋은 모범생 딸 중에서 특별히 잘하는 것이 없는 이들에게만 교사가 쉽게 추천되었던 것은 아닐까. 우리는 예술로 먹고살고 있는 전직 교사 규아(37)와 정미(39·가명)에게서도 딸들에 대한 사회적 기대를 발견했다.

규아는 말했다. "어릴 때부터 그림 그리는 것을 제일 좋아했고 미대 진학만 꿈꿨어요. 일반 인문계 고등학교에 가게 되었는데 거기에서는 미대를 준비할 수 없는 환경이었어요. 그냥 공부만 열심히 할 뿐이었죠. 저는 장래희망으로 교사는 한 번도 생각해 본 적이 없어요. 그런데 대학 입시 원서 쓸 때 갑자기 교대가 튀어나온 거죠. 부모님, 선생님, 친구 들이 제게 많이 추천했어요. 특히 부모님의 권유가 결정적이었고요."

분명 잘하고 좋아하는 것이 있는 규아에게도 적성과 관계없는 교사가 추천되었다. 취업이 보장된다는 이유로 어른들이 강하게 밀어붙인 것이다. "부모님 뜻을 거스르고 내 뜻대로 하기에는 용기가 부족했어요. 주변에서 '미술로 먹고살기가 어차피 힘든 거라면, 이왕이면 취업이 안정된 길을 가는 게 더 낫다. 너 애들도 좋아하지 않냐. 그림은 퇴근하고 그리면 된다'라는 조언에 귀를 기울이게 된 것 같아요."

예술가는 고달프다는 말을 뼈에 깊이 새기고 있던 것은 규아뿐만이 아니다. 정미는 사립대 서양화과에 진학한 예술계통의 학생이었지만 결국 미술교사가 되었다. "주변 인식이 임용 준비하는 데 영향이 컸어요. 사실 순수 미술 쪽은 돈이 잘 안된다고 여겨지잖아요. 그래서 일단은 안정적인 직업을 가지고, 퇴근 후에 내 전공을 살리는 삶을 살아야겠다 생각했어요. 교사는 방학이 있고 좀 여유로운 직업일 거라는 그런 느낌이 있었죠. 주변에 친구가 교직 이수를 한 영향도 있었고요. 엄마도 교직 이수했으면 좋겠다고 권하셨어요."

규아는 초등교사를 사직하고 그림책 작가로 활동하고 있다.
정미는 공립 미술교사를 사직하고 현재는 일러스트레이터로 활
동하고 있다. 규아와 정미의 케이스에서 알 수 있듯이 교사는 일
종의 '보험' 같은 존재다. 잘할 수 있는 것이 있어도 일단 교사가
되고 나서 생각하기를 추천받는 것이다. 교사는 퇴근 이후에 재
능을 펼칠 수 있다는 기대가 수반된 '여유 있는 직업'으로 취급받
는다. 결국 과거의 나처럼 꿈이 없는 학생도, 수능 성적이 월등
했던 사람도, 뛰어난 예술적 적성을 가진 이들도 '여자에게 좋은
직업, 교사'의 굴레를 벗어나기 쉽지 않았다.

초등교사를 관두고 상담센터를 운영하고 있는 주영(38)은 대
학 진학 시 부모님의 권유를 거부할 수 없었다고 한다. "교사가
되는 건 제 인생 계획에 없었어요. 수능 보고 가나다군을 쓰잖아
요. 그중의 하나를 부모님의 권유 때문에 교대를 쓰게 된 거예
요. 합격은 다 했어서 하나만 등록을 해야 되는데 너무나 강력하
게 부모님이 교대가 아니면 안 된다 하셔서 깜짝 놀랐어요."

주영은 부모님의 추천으로 교대에 원서는 썼지만 진학까지
는 예상하지 못했다고 한다. "갑자기 '교대가 아니면 안 된다'라
고 하시니까… 저는 주관이 뚜렷한 편이지만 일생일대의 중요한
결정을 앞두고는 결국에는 부모님의 영향을 받을 수밖에 없더라
고요. 진짜 울며 겨자 먹기로 교대에 진학한 거죠. 그게 후회되

긴 해요. '너무나 중요한 선택을 나의 결정으로 못 했다'라는 그 지점이요."

민준(28)은 진로적성검사에서는 마케팅 분야가 나오고, 스스로는 방송 PD를 꿈꿨지만 간호대에 진학하게 되었다. "엄마께서 '안정적인 직업을 가졌으면 좋겠다' 하셨죠. 아무래도 주부로 사셨기 때문에 딸 둘은 전문적인 면허를 가진 직업을 원하셨던 것 같아요. 간호사, 교사, 공무원을 원하셨죠. 그중에서 언니가 간호학과 재학 중이라 저도 간호대를 지원했어요." 민준은 간호대 지원이 주체적인 결정이 전혀 아니었다고 말했다. "제가 가고 싶은 건 '인서울' 대학 언론정보학과였는데 수능 최저를 맞추지 못해서 간호대만 합격을 해버렸어요. 부모님께서 '간호대를 안 가면 등록금 안 내주겠다' 말씀하셔서 그냥 시키는 대로 했던 것 같아요." 민준은 간호사로 상급종합병원에서 근무하다가 퇴사하고 현재는 유튜브 본인 채널을 운영하고 있다.

가넷(31·활동명) 역시 교사를 꿈꾸지 않았지만 어른들의 추천에 사범대로 진학했다. "방송이랑 영화 이런 쪽에 관심이 많았어요. 맨날 친구들이랑 휴대폰 카메라로 영상 찍고 편집하고 창작 활동에 항상 관심이 많았어요. 전공도 그쪽을 생각했고요. 부모님들은 예술 예능 계열로 가는 걸 안 좋아하시잖아요. 게다가 제가 하고 싶은게 너무 많다 보니 오히려 걱정을 하시며 사범대를 추천하시는거죠. '네가 일단 어딜 가도 교직 이수는 하는 게 좋다. 선생님만큼 좋은 직업이 어딨냐. 너는 영어를 잘하니까 영어교육과 가서 일단 자격증을 따라. 너 좋아하는 방송, 영화는 전공 안 해도 할 수 있다. 교사는 방학도 있지 않냐' 부모님이 굉장히 똑똑하게 설득을 하신거죠."

흥미로운 사실은 가넷의 남동생에게는 교사를 추천하지 않으셨다는 점이다. "제 동생한테는 공무원도 하지 마라 그랬어요. 아들한테 교사를 굳이 안 시키려고 하는 이유가 뭐겠어요? 돈을 많이 못 벌잖아요. 근데 고생은 고생대로 하고, 돌봄 노동 자체를, 그러니까 학생들을 관리하고 애들을 보는 직업 자체를 사람들이 천대하지 않나요? 게다가 '여자가 할 일이야' 이런 고정관념이 있으니까 아들한테는 교사 되라고 안 하죠." 남동생과 자신의 케이스를 비교하며 가넷은 덧붙였다. "주변 여성 교사들 이야기를 들어봐도 그래요. 부모님이 원해서 사범대를 가고 교사가 된 게 부모님한테 큰 트로피 같은 영광인 거죠. 어디 가서 자랑하기 좋잖아요. '우리 딸 교사야.'"

인터뷰이 중 전현직 교사, 간호사 사례에서는 '그 직업은 절대 안 된다'라는 어른들의 반대를 무릅쓰고 진로를 결정한 경우는 없었다. 하고 싶은 것이 없다 보니 대강 여자한테 좋은 직업을 선택했거나, 하고 싶은 것이 있음에도 불구하고 현실과 타협하거나 무거운 책임감에 이끌려 진로를 결정한 경우가 대부분이었다. 교사와 간호사의 공통점은 여자가 하기 좋은 직업이라는 것, 부모님들이 구구절절 설명하지 않아도 되는, 모두가 아는 직업이라는 것이다. 또, 본인이 노력만 한다면 꽤 긴 기간 동안 월급쟁이로 살 수 있는 '자격'이 주어지는 직장이다. 이러한 이유 때문에 나를 포함한 인터뷰이들은 자신의 꿈이나 적성은 잠시 뒤로하고 리스크를 최소화하는 선택을 한 딸들이었다. 또한 교사, 간호사, 승무원, 방송작가는 현장끼리 밀접하게 연결되지는 않지만 대표적인 여초 집단으로 묶이는 직업군이라는 공통점이 있었다. '우리 딸은 어느 회사, 무슨 부서에서 일을 해'라고 구체적으로 설명하지 않아도 직업 명칭 하나로 이미지가 쉽게 연상되는 직업이기도 하다.

한국 사회에서 기대되는 '평범함의 범주'가 억압적이고 폭력적으로 작용한 것이 딸들의 진로 선택 문제였다. 한국에 사는 평범한 어느 집 딸아이가 공부를 잘하거나, 빠른 취직을 바라거나, 키가 크고 예쁘거나, 글 쓰는 것을 좋아하는 특징을 가지면 편하게 떠올려 볼 수 있는 직업들이 '대표 여초 직군'으로 수렴되었다.

3. ─────

좌절당하는

──────── 여성의

욕망

슬기

1995년, 경남 진해[10]의 한 국민학교 1학년 교실. '환경 미화'라는 이름 아래 교실 뒷벽을 수놓은 포도송이를 기억한다. 거기에는 아이들 얼굴 사진과 함께 장래 희망이 하나씩 적혀 있었다. 남자아이들은 주로 운동선수, 과학자, 의사, 경찰, 군인 같은 직업을 적어 넣었다. 여자아이들은? 단 두 가지로 수렴했다. 선생님 아니면 간호사.

그때부터였던 거 같다. 뭔가 이상하다고 생각한 게. 남자애들은 이것저것 의욕을 드러내는데, 여자애들은 왜 둘 중 하나만 하고 싶어 할까. 어린 내 눈에 그림을 잘 그리는 혜미도, 운동회

─────
10 2010년 7월 통합 창원시(마산시·창원시·진해시)가 출범하면서 경남 창원시 진해구로 개편되었다.

만 하면 계주 대표로 나서는 지현이도 화가나 육상 선수가 아닌 선생님과 간호사가 되고 싶어 했다. 이상했다.

그래서 나는? 소심한 반항의 의미로 혹은 그때부터도 발동한 내적 관종의 기질로 어디서 본 특이하다 싶은 직업은 다 적어냈다. 1학년 때는 가수, 2학년 때는 기자, 3학년 때는 바둑기사, 4학년 때는 UN사무총장 등등…

하지만 나도 알았다. 그 가운데 비교적 실현 가능한 것은 기자뿐이라는 것을. 가수는 당시 유행하던 룰라의 〈날개 잃은 천사〉를 보고 엉덩이를 실컷 두들겨 대다가, 바둑기사는 신문 한 귀퉁이에 실린 돌들의 향연을 무심코 보다가, UN사무총장은 끝 모를 내 질문에 지친 엄마가 '세계의 대통령'이라길래 문득 적어 내려간 직업이었다.

이렇듯 다른 직업들은 나에게 문득, 불쑥, 무심코의 영역이었다면 '기자'는 비교적 오랜 내 로망이었다. 초등학교 2학년 여름 방학, 담임 선생님은 숙제로 '신문 스크랩'을 해 오라고 하셨다. 신문을 오려 스케치북에 붙이는 거라길래 신나게 가위질이나 해야지 했는데, 엄마가 '동그라미 5개(알고 보니 그게 오륜기였다)'가 그려진 기사만 오리라고 했다. 기왕 하는 거 주제가 있어야 하지 않겠냐는 거였다. 당시는 올림픽 100주년에 빛나는 '1996 애틀랜타 올림픽'이 막 개막한 때였다.

그해 여름, 나는 신문을 오리고 붙이고를 반복하다가 거기

적힌 글자도 몇 자 봤다. 레슬링 경기에서 해설 아저씨가 자주 말하던 '빠떼루'는 무엇인지, 올림픽 피날레를 장식한 마라톤의 이봉주 선수는 어떻게 은메달을 땄는지 등등… TV 중계에서는 못 들어봤던 말들이 신문에 시시콜콜 적혀 있었고, '오리고 붙이기'에서 끝날 줄 알았던 스크랩은 어느덧 읽기의 영역까지 포괄하게 되었다. 그렇게 신나게 기사를 읽다 보면 마지막에 나오는 이름 한 줄, 'XXX 기자'가 있었다.

"엄마, 기자가 뭐야?"

"응, 그 기사 쓴 사람이야."

"그럼 이 사람은 올림픽을 직접 가서 본 거야?"

"응응."

올림픽을 직접 가서 보는 사람, 그래서 그걸 기사로 쓰는 사람, 그렇게 신문에 이름 한 줄 나오는 사람. 그 직업이 당시에는 너무 매력적으로 보였다. (훗날 모든 기자가 직접 현장에 가서 기사를 쓰는 것만은 아니라는 걸 알게 됐지만…)

이후로 꽤 오랫동안 쭉(바둑기사와 UN사무총장으로 잠깐 외도를 한 적은 있어도) 기자가 되기를 희망해 왔다. 내가 보는 기자라는 직업의 매력 중 하나는 여기저기를 쏘다닌다는 거였다. 지역의 소도시, 우리끼리는 우스갯소리로 전국에서 제일 작은 도시라 불렀던 경남 진해에 살았던 나는 무조건 여기 아닌 다른 곳, '대처'에서 살고 싶었다. 모든 사안을 현장에 직접 가서 보고 듣고 쓴다는 기자는, 그런 점에서 더욱 멋져 보였다.

그렇게 고등학교 3학년이 되어, 내가 정한 진로는 다음과 같다. 서울 소재 대학의 정치외교학과에 입학해서, 졸업 후 정치부 기자가 되겠다는 것. 그즈음 신문을 읽은 짬밥이 어느덧 10년을 넘어가던 나는, 온갖 악다구니 속에서도 결국 한국 사회를 근본적으로 바꾸는 데는 입법부의 역할이 중요하다 여겼고, 그런 의미에서 '대한민국 정치 1번지'라는 여의도 국회를 취재하는 기자가 되고 싶었다.

그 무렵 내가 다녔던 창원시의 한 여고 3학년 교실에서, 대입을 앞두고 어릴 적 그 포도송이는 재소환되고 있었다. 성적이 상위권이던 친구들은 '선생님'을 목표로 교육대·사범대 입학을 준비하고 있었다. 자연 계열에서는 간호학과 진학을 노리는 경우가 많았다. 그것도 칼같이 절대다수가 국립대여서 학비가 저렴하고, 경쟁률상 졸업 후 초등학교 선생님이 되기 쉬운 교대는 전교에서도 최상위권에서 놀던 아이들의 표적이었다. 다음이 이른바 비교적 가까운 거리에 있는 '지거국(지방 거점 국립대)' 사범대였다. 초등학교 때 그린 포도송이는 정말로 진심이었단 말인가. 내신·수능 성적에 맞춰 여자아이들의 꿈은 교대, 사범대, 간호대로 질서 정연하게 토막 나고 있었다.

더욱 놀라운 것은 고 1·2학년 때는 '창원 탈출'을 꿈꾸며 서울로 가겠다던 아이들이 돌연 동네에 남겠다고 선언한 거였다. 나의 경우엔, 고3 될 때까지 한 번도 서울 땅을 밟지 못했지만 서울로의 유학은 한 번도 의심해 본 적 없는 기정사실이었다. 올림픽을 보러 애틀랜타도 가는 기자가 될 건데, 대학을 서울로 안 갈 수는 없다는 게 나의 심플한 사고 회로였다. 그러나 대입이 현실이 된 고3이 되자, 아이들은 '서울 가도 별거 없다'며 갑자기 세상 물정 다 아는 어른이 된 것마냥 굴거나, '집안 사정상 어쩔 수 없다'며 부모님들 말에 순순히 따랐다. 애들이 갑자기 단체로 무슨 약이라도 먹었나. 나만 어른이 안 되고, 다들 갑자기 철이 들어버렸어?

'서울'을 향하지 못한 여자들의 욕망

"20년 간 제주 살다 보면 새로울 게 없어. 다른 지역에서 다른 사람
들이 어떻게 사는지 궁금했던 거, 혼자도 살아보고 싶고, TV에 나
온 지하철이나 그런 걸 누리고 싶은 로망 같은 거지."

– 서울에서 유학 살이를 했던 제주도 출신 여성 지혜(36·가명)

'말은 나면 제주도로 보내고, 사람은 나면 서울로 보내라'라는 오랜 격언처럼, 탈지역은 유구한 욕망이다. 그 말에 담긴 지역 혐오 정서는 차치하고라도 말이다. 특히나 지역의 강고한 가부장제에 맞서 살아온 여성들은 어깨를 짓누르는 삶의 더께가 크면 클수록, 더욱 강력하게 탈지역을 꿈꿔왔다.

지혜보다 20여 년을 앞서, 나의 어머니 연심(58)도 제주에서

탈지역을 꿈꿨다. 북제주군(2006년 제주시로 편입) 구좌읍 평대리가 고향인 연심은 고교 진학 과정에서부터 전쟁을 겪었다. 본인 입장에서는 공부 못하는 애들이 다니던 읍내 고교 대신 당시 여자들 중에서는 성적 최상위권들만 갈 수 있었던 제주 시내의 여자상업고등학교에 진학하고 싶었다. 그러나 연심의 어머니는 "여자애가 시내까지 가서 공부해서 뭐 햄시냐"라며 완강히 반대했다. 결국 고교 입학시험을 치르는 날 미끄러지라는 의미로 부득불 미역국을 끓었던 어머니의 노력에도 불구하고, 연심은 여상 야간반에 합격했다.

연심은 고등학교 3년 내내 말 그대로 '주경야독'의 세월을 거쳤다. 간신히 고교를 졸업한 연심은 이번에는 '탈제주'에 성공했다. 그는 제주에서 가장 가까운 육지인 전남 목포로 나와 간호조무사 학원에 다녔다. 이후 목포와 부산 등지의 병원에서 간호조무사로 일하며 번 돈을 아껴 대학에 간 남동생의 학비를 보태고 중풍으로 쓰러진 어머니의 병구완을 도왔다. 연심은 가정 경제 최고의 '가성비 일꾼'이었다.

연심이 간난신고를 이겨내고 탈지역에 성공한 것과 달리, 그의 딸인 나는 '탈지역'을 자연스러운 수순으로 여겼다. 연심은 4녀 2남 중 셋째였고, 밑으로 둘이었던 남동생들이 대학 진학을 한 치도 의심하지 않았을 때 연심과 자매들은 고등학교 진학부터가 투쟁의 시작이었다. 강력한 남존여비 질서의 피해자였던 연심은 내게는 줄곧 '걸스, 비 앰비셔스Girls, be ambitious'를 주입시켰다. 따라서 나는 당시 유행하던 조어인 '날범생('날라리'+'모범생'의 합성어로 공부도 잘하고 놀기도 잘하는 학생을 뜻하는 말)'으로 자라났다. 한마디로 나는 '알파걸(2007년 아동·청소년 심리학자인 댄 킨들런이 정의한 단어로 학업과 운동, 리더십 모든 면에서 남자에게 뒤지지 않는 엘리트 소녀를 뜻한다)' 서사에 심취한 권력 지향적 인물이었다. 다섯 살때부터 쭉 경남 창원에 살며 대학 입시 전에는 서울을 구경도 못해봤으면서도 대학은 서울로 가리라 확신했다. 더군다나, 기자가되겠다고 마음먹고 난 이후부터는 더욱 너른 대처로 나가 세계를 누비겠다는 생각을 줄곧 했다.

나는 엄마의 기대처럼 'SKY'에 가지 못한 대신, 우여곡절 끝 서울 소재 사립대에 진학했다. 막상 대입 때가 되니 살인적인 사립대 등록금에 만만찮은 체류비가 걱정이었다. 그러나 연심은 끝끝내 집 근처 대학에 가라고는 하지 않았다. 해군 부사관인 아빠의 월급은 빤한데, 한 학기 등록금만 350만 원에 체류비만 한 달에 100만 원 이상을 쓰면서도 별다른 죄책감은 느끼지 못했다. 3년 후 남동생이 4년 전액 장학금을 받는 조건으로 대학에 입학했을 때에야 연심은 넌지시 말했다. "너희 동생이 장학금 안 받았으면, 정말로 가정 경제가 휘청할 뻔했다"라고.

내가 엄마의 지지에 힘입어 '철이 들기'를 거부하고 욕망에 충실하던 당시, 비슷한 성적대의 친구들은 선생님이 되기를 희망하며 상당수 고향에 남았다. 그 친구들이 얼마나 공부를 잘했는지, 얼마나 갖가지 취미와 적성을 가졌는지 알았던 나는 의아한 마음마저 들었다. '공부를 잘하는 여자들은 왜 하나같이 선생님이 되기를 원하는 걸까' 하고.

그렇게 서울로 대학을 왔더니, 나처럼 지방에서 온 애들은 많지 않았다. 우리 과의 3분의 2 이상이 수도권 출신으로, 집에서 통학을 했다. 집에서 통학하는 애들은 때깔도 다르고, 씀씀이도 달랐다. 세상 처음으로 쭈그러드는 경험을 하게 된 나는, 나도 모르게 '지방 부심'을 부리며 일종의 인정 투쟁에 들어갔다.

대학 입학 후 한동안은 같은 과 동기들과 수능·내신 성적을 서로 겨루는 것이 놀이 아닌 놀이었다. 정시 나·다군에 어느 학교·전공을 썼는지도 주요 화제 중 하나였다(내가 입학한 학교와 전공은 가군에만 해당됐다). 나는 나군에 '부산대 법대'를 써서 합격했으며, 부산대 사범대는 입결(합격생들의 성적대)이 높아서 내 성적으로는 사회교육과만 지원 가능할 뿐, 인기 전공인 국어교육과나 영어교육과는 감히 넘볼 수 없었다고 했다. 그 말에 동기들은 코웃음쳤다. "지방대가 그렇게 세다고? 말이 돼?"

수도권에 사는 애들이야 몰랐겠지만, 부산대 인문계열의 입결은 소위 '서성한(서강대·성균관대·한양대) 중경외시(중앙대·경희대·한국외대·서울시립대) 건동홍(건국대·동국대·홍익대)'까지 입결 스펙트럼이 넓었다. 그 가운데서도 지역의 공부 잘하는 여성들이 대

거 지원하는 부산대 사범대는 최상위 포지션이었다. 교사나 간호사 같은 '라이선스(자격증)'가 중요한 직업인이 되기 위해서는 부러 서울로 진학할 필요가 없다. 학비가 저렴하고 잘하면 집에서도 통학이 가능한 '지거국' 교육대·사범대·간호학과가 인기가 많은 이유가 여기에 있다.

물론 서울로 유학하는 게 벼슬도 아니고, 서울에 있는 대학이 최고도 아니며, 굳이 돈이 많이 드는 서울로 올 필요도 없다. 그러나 보다 인프라가 좋은 서울로 오고픈 욕망, 보다 다양한 직업 세계에 몸담고 싶은 욕망을 '여자 하기 좋은 직업'이라는 이름으로 꺾는 것, 그것이 여성에게만 효용을 발휘하는 것이 문제다.

2009년부터 서울에서 초등학교 교사로 2년 반을 근무했던 채운(37·가명)은 부산이 고향이다. 언어를 좋아해서 통역사가 되고 싶었던 채운에게 부모님은 교사를 권했다. "여자한테 안정적인, 너무 좋은 직업"이라는 예의 그 말을 던지면서. '애들이 너무 싫어서' 교사는 되기 싫은 채운이었지만, 모범생스러운 채운의 기질을 높이 산 주변의 어른들은 적극적으로 '선생'을 권했다. 채운은 서울에 있는 한국외대로의 진학을 원했지만 실패했고 부모님과의 부단한 다툼 끝에, 집에서 가까운 부산교대로 입학했다. "본인이 아들이었어도 부모님이 교대를 권했을 것 같나"라는 물음에 채운은 단박에 답했다. "아뇨, 선생님 말고 대기업 갈 수 있는 그런 과를 권하셨겠죠."

공부 잘하고 성실한 여자애들에게 교사와 간호사를 권하는 것, 그게 인생 살기 쉬운 길이라고 말하는 것은 어른들의 불문율이다. 그러니 멀리도 말고 집에서 통학하며 교사·간호사 라이선스를 취득할 수 있는 대학에 가라는 것. 아들에게는 경영·경제 같은 상경 계열이나 공과대학처럼 취업이 잘되는 과를 권하면서도 딸에게는 '아묻따(아무것도 묻지도 따지지도 않고)' 선생님이 되기를 권하는 것이다.

나의 여고 동창인 수정(36·가명)이 보육교사가 될 수밖에 없었던 사연은 더욱 전형적이다. 수정은 '어린이집 교사'라는 자신의 이전 직업은 "100% 부모님의 선택"이며 "완전히 수동적으로 결정을 당한 것"이라고 토로했다. 그는 "내 적성과 상관없이, 취업이 빨리 되는 학과로 갔으면 좋겠다고 엄마 아빠가 나한테 진짜 많이 말을 했"고, 그래서 대학 원서를 쓸 때부터 부모님과 많은 갈등이 있었다고 말한다. 마침 아버지가 사업에 실패해 가세가 기울던 때라 수정의 부모님은 무조건 빨리 졸업할 수 있는 2년제 대학에 가라고 '푸시'했다. 집에서 벗어나고 싶어서 부산에 있는 대학에 1년 장학금을 받는 조건으로 합격했지만, 생활비가 많이 들 것을 염려한 부모님은 가지 못하게 했다. "너무 스트레스를 받아서 합격 통지서를 내 손으로 막 찢으면서 울었던 기억이 나." 결국 수능 가나다군 지원이 다 끝나고 2차 지원을 통해 집에서 버스로 20분 거리의 전문대 아동청소년복지과에 진학했다. "거기를 졸업하면 보육교사 2급 자격증이 나온다 하더라고." 고등학교 야간자율학습 시간 내내 라디오를 들으며 라디오 작가의 꿈을 키우던 수정이었지만, 그런 건 고려 대상이 되지 않았다.

여기까지는 형편을 고려한 어쩔 수 없는 선택이었다고도 볼 수 있다. 그러나 수정의 억울함은 남동생의 대학 진학 때 절정이 됐다. 4년 후 스무 살이 된 수정의 남동생은 4년제 사립대 공대에 진학했다. 변변찮은 가정 형편 가운데서도, 사립대 중에서도 학비가 센 공대로 진학한 것이다. 수정은 말한다. "그걸로 며칠 전에도 엄마한테 얘기했는데… 그때 너무 엄마 아빠한테 서운했어. 참 치사한 게, 동생은 남자잖아. 남자니까 4년제에 가야 한다는 그런 선입견이 있었겠지. 또 동생은 대학 가기 전에 알바도 하나 안 하고 고등학교 졸업 후에도 계속 놀았었거든. 근데 나는 그때 알바하라고 집에서 엄청 압박이 심했고, 그런 거에 있어서 되게 차별을 많이 느꼈어. 왜 동생한테는 그렇게 안 하냐고 따지기도 했고." 그렇게 대학에 진학한 동생이 얼마 못 가 적성에 안 맞는다며 자퇴하는 것을 보고 수정은 더욱 열통이 터졌다. "너(동생)는 그런 기회를 어떻게 그렇게 쉽게 그만두냐고 내가 막 따졌어. 진짜 열 받는 거야." 수정에게는 오지 않았던 기회였기에, 그걸 내버린 동생에게 수정은 더욱 화가 났다.

1980년대 후반에 태어난 채운과 수정의 사례는 여자라는 이유로 진로 선택에 있어서 제한을 받고, '탈지역'에의 꿈도 좌절당한 케이스다. 1950년대와 1960년대생인 엄마뻘 세대가 아들은 대학에 보내고 딸은 고등학교 또는 중학교까지만 보내는 서사를 지녔다면, 1980년대와 1990년대생에 들어서는 아들은 등록금이 비싼 대학에 보내도, 딸은 집 근처 대학에 여자로서 취업하기 좋은 전공으로 진학시키는 서사가 성립하는 것이다.

서울에서 13년째 일하는 일간지 기자이자, 나의 직장 선배였던 융아(37)는 스스로를 '가성비 인간'이라 칭한다. 경남 창원이 고향인 융아는 2006년 서울 소재 사립대 대신 부산대 국어교육과에 진학했다. 당시 같은 과 동기들 중에는 수능 성적으로 연세대·고려대 하위권 학과에도 입학 가능한 친구들이 있었던 것으로 융아는 기억한다. "나는 아직 진로에 대한 결정을 못 한 상태였기 때문에 교사라는 직업을 보험 삼아 두고, 다른 진로를 탐색하기에 나쁘지 않은 곳이라고 생각했어. 서울 쪽 대학 진학에 드는 비용을 아껴서 해외 어학연수를 가자는 생각도 있었고."

아이들의 꿈으로서 여전한 교사·간호사의 인기

이상은 1980년대 후반생들의 이야기다. 그러나 요즘의 여성 고등학생들 사이에서도 교사·간호사는 인기 직업이다.

교육부가 2007년부터 매년 발표하는 '초·중등 진로교육 현황 조사'를 보면, '교사[11]'는 초·중·고 전 연령에 걸쳐 성별을 막론하

---

11 '교사'는 초등교사, 중등교사, 특수교사 등을 포함함.

고 사랑받고 있다. 2023년 기준 교사는 초등학생 희망 직업 3위, 중·고등학생 1위를 기록하고 있다. 특히나 중·고등학생의 경우 최근 3개년(2021~2023년)간 교사가 압도적 1위였다.

그러나 그중에서도 남학생들에 견줘 여학생들의 교사 선호는 절대적이다. 여학생들의 선호도를 보면 2022년 기준 교사는 초등학교 8.7%, 중학교 11.2%로 희망 직업 1위를 기록했다. 고등학교 여학생들은 1위로 간호사(9.0%)를 꼽고 교사(7.0%)는 그 뒤를 이었다.

반면 남학생들의 경우 초등학교 때 교사는 2.1%에 불과한 10위에 랭크될 만큼 관심이 없던 직업이다가 중·고교에 들어서 각각 7.1%, 5.6%로 2위를 차지할 만치 관심 수준이 상승하는 것을 볼 수 있다. 그러나 고등학교 여학생들의 '1순위 직업'인 간호사는 남학생들에게는 8위(2.8%)로 한참 순위가 처진다. 대신 남학생들에게 절대적 인기를 누리는 직업은 초·중학교 1위는 운동선수(21.8%, 8.9%), 고등학교 1위는 컴퓨터공학자/소프트웨어 개발자(6.1%)다. 과거에 비해서는 덜하지만 아직도 성별에 따라 희망 직종이 확연하게 분리됨을 알 수 있다.

'교권 추락' 같은 얘기들이 부각되고(교사), 코로나19를 거치며 '힘든 직업'이라는 이미지가 더욱 덧씌워지며(간호사) 직업으로서 교사나 간호사에 대한 선망이 예전보다 줄어든 것은 사실이다. 그러나 직업 선택의 기회가 적은 지역에서는 여전히 성적 상위권을 달리는 여학생들의 꿈으로 대접받는다. 경북 김천의 한 여고 교사 태훈(36·가명)은 "교사나 간호사는 여학생들 사이에서 여전히 인기가 많은 직업이다. 단, 교사의 경우 성적 커트라인이 높기 때문에 고학년이 될수록 포기하는 경향이 많다"라고 말한다. 태훈이 생각하는 교사·간호사의 인기 비결은 두 가지다. "현실적으로는 안정성일 거고요. 두 번째로는 지방 아이들 같은 경우 수도권에 사는 아이들에 비해서 접할 수 있는 직업 단위가 적어요. 공무원과 교사 아니면, 여긴 혁신도시가 있으니까 공기업 직원이거나 자영업자 정도고요. 우리가 생각하는 다양한 '직장인'이라는 개념이 지방엔 잘 없어요."

이러한 경향은 불확실하고 화려한 미래보다 확실한 눈앞의 행복을 좇는 Z세대(1990년대 중반에서 2000년대 초반에 걸쳐 태어난 젊은 세대)의 '갓생' 살기와 더불어 더욱 공고해진다고 지방의 교사들은 증언한다. 특히나 극심한 취업난에 시달리는 인문계열에서는 안정적인 직업 1순위이자, 바로 앞에 보이는 친근한 '레퍼런스'인 교사를 꿈꾼다는 것이다.

제주 서귀포 출신으로 제주대 국어교육과를 졸업해 자신의 모교에서 학생들을 가르치고 있는 영림(45·가명) 자신도 그런 케이스였다. "주변에서 봤을 때 제가 닮고 싶은 어른은 선생님밖에 없었던 거 같아요. 부모님은 농사를 지으셔서, 육체노동이 얼마나 고된지는 잘 알고 있었고요." 모교에서 후배들을 가르치고 있는 지금도 20여 년 전 영림의 학창 시절과 크게 달라진 거 같지는 않다. "요즘은 인터넷 뉴스라든가 직업 탐색도 많이 하지만, 실체를 접하기는 힘들잖아요."

남고와 여고 모두에서 교사 생활을 했던 영림이 보기에, 여학생들은 남학생에 비해 독립심, 자립심이 강하다. 집에 재력이 있어도 남학생들과 달리 여학생들은 그걸 가용 자원으로 생각지 않는단다. 급할 때 자기가 비비댈 수 있는 언덕, 발 뻗을 만한 누울 자리로 보지 못한다는 뜻이다. "학교에 다니다 보면 '어떤 애는 부모님이 감귤 농사를 크게 지어서 동네 어디서부터 어디까지 걔네 집 땅을 밟지 않고 지나갈 수 없다더라' 하는 얘기가 들려요. 근데 유독 남고에 있을 때 남자아이를 두고는 그런 얘길 많이 들었지만, 여자아이에 대해 그런 소문이 나는 경우는 드물어요." 부잣집에 애들이 아들만 있을 리 없는데, 집의 재력이 아들과는 쉽사리 연결돼도 딸과는 연결이 안 된다는 얘기였다. "여학생들은 당장에 월급을 받을 수 있는 일에 골몰하지, 자기가 꼭 가고 싶은 학과가 있어서 재수·삼수를 하거나 몇 년 동안 취업 준비를 한다는 얘기는 상대적으로 듣기 힘든 것 같아요." 좀 실패해도 '남자애라서 철이 늦게 든다' 정도로 치부되는 것과 '여자애가 칠칠치 못하게'로 대비되는 세상은 엄연히 다르다.

같은 제주도 땅에서 자고 나란, 영림의 제자이자 16년 후배인 다비는 영림의 말에 적극 공감했다. 제주에서 여고를 졸업한

다비는 부산교대로 진학한 후, 현재 부산에서 6년 차 초등학교 교사로 일하고 있다. 그는 "제 친구만 봐도 집에 폐를 끼치기 싫어서 빨리 경제적으로 자립하려고 엄청 애쓰고 노력하는 편인데, 친구 남동생은 사업에 대한 꿈도 꾸고 부모님 지원에 대한 얘기도 하는 걸 보면서 '생각이 많이 다르구나' 했던 경험이 있다"라고 말했다.

다비는 본인이 'K-장녀'로서의 특성과 함께, 오랜 세월 들어온 '생활력이 강한 제주도 여자'라는 잠언의 영향도 받은 것 같다고 말했다. 다비 또한 "제가 첫째 딸이어가지고 뭔가 직업을 빨리 갖고 경제적으로 빨리 자립할 수 있는 길도 중요했던 것 같아요"라고 말했다. 어려서부터 늘 '제주도 여자는 생활력이 강하다' 등등의 말을 들어왔으며 "누군가에게 의지하지 않고 해내야겠다는 마인드가 있었다"라고 말이다.

영림과 다비의 얘기를 들으며, 또 다른 제주 출신의 여성이자 나의 어머니인 연심의 이야기가 머릿속에 다시 떠올랐다. 연심은 중학생 때부터 남의 당근 밭에서 일한 돈을 학비에 보탤 정도로 자립을 해야 했다. 성인이 되어서는 대학에 간 남동생들 뒷바라지까지 감당했다. 부모님한테 손 벌리는 일은 감히 상상도 못 할 일이었다. 다비의 말처럼, 제주 여자들 DNA에 '자립'은 필수에, 더 나아가 가정 경제의 일꾼으로 보탬이 돼야 한다는 감각이 아로새겨져 있었을 것이다. 최대한 집에 폐를 끼치지 않는 선에서, 내가 생각할 수 있는 가장 덜 모험적인 직업. 그것이 여성들의 교사, 간호사였던 셈이다.

'여자가 타지에 가면 위험하다'는 부모님들의 단속도, 대처로 나가려는 여성들의 욕망을 '적극적으로' 꺾었다. 다비의 부모님은 교대 중에서도 집에서 통학이 가능한 제주교대를 적극 권했다. "부모님은 무조건 '제주교대'셨어요. 딸이라서 좀 더 걱정이 되셨는지, 멀리 떠나보내기보다는 가까이서 살펴주고 싶으셨던 마음이었던 거 같아요. 부모님 가운데서도 특히나 '집 떠나 공부하는 딸 자식'에 대한 염려가 컸던 건 어머니들이다. 다비의 아버지는 다비의 부산교대 합격 소식에 '더 넓은 데 합격해서 다행이다' 했지만, 어머니는 '걱정을 더 많이 했다'. 그러나 정작 네 살 터울인 다비의 남동생은 서울 소재 사립대에 진학했다.

대전 출신으로 언니도 본인도 간호사 생활을 했던 민준이 대전 소재 우송대에 가게 된 것도 어머니의 완강한 바람 때문이었다. 그걸 두고 민준은 '약간 이상하다'고 표현했다. "엄마는 저랑 언니 둘 다 집에서 (대학을) 다녔으면 좋겠다고 하셨는데, 약간 이상한 거 같아요. 제가 생각해도 너무 보수적이셔서 자취를 못 하게 하려고 언니는 더 좋은 대학에 붙었는데도 대전에 있는 간호학과를 보냈고요. 그런 식으로 좀 가둬놓으려고 했었어요." 비용 같은 측면보다도 자취를 하면 위험하다는 인식이 어머니에게 있었던 거 같다고 민준은 털어놨다. 남성들에게는 적용되지 않는

'안전에 대한 우려'가 여성들에게는 차별적으로 작용하는 것이다. 그리고 실제로 엄존하는 성범죄나 스토킹 같은 젠더 기반 폭력 등을 고려하면, 부모님들의 걱정은 단순 '기우'가 아니기도 하다.

4. ——————

'여자 하기 좋은 직업'은
—————————— 왜
따로 있을까

슬기

여자에게 '안전장치'인 직업, '교직'

이대 학생처가 조사한 올봄 졸업생들의 졸업 후 희망을 보면 전
체의 71%가 직장 생활을 원하고 있다. 바라는 직장은 교사 지망
(32.4%)이 으뜸, 다음은 은행원(13.7%)이고 회사원, 사무원으로 나
가고자 하는 학사가 12.7%로 세 번째…

　　　새 여학사女學士들 사회事會를 '노크' 걱정을 안고… 《조선일보》, 1965. 2. 23)

지금으로부터 60여 년 전, 한국의 대학 졸업식 행태를 그린
기사다. 기사에 따르면 이화여대 졸업생 10명 중 7명은 직장 생
활을 희망하며, 그들 3명 중 1명은 교사가 되기를 원하고 있다.
　　교직에 대한 여성들의 갈망은 비단 한국의 일만이 아니다.

하버드대 경제학과 최초의 여성 종신 교수이자, 2023 노벨경제학상을 수상한 클라우디아 골딘Claudia Goldin 역시 소싯적에 공립학교 교장 출신의 어머니로부터 교사 자격증을 딸 것을 수차례 권유받았다. 그의 언니도 교사 출신이다. 골딘의 명저 『커리어 그리고 가정Career and Family』을 보면, 골딘의 어머니는 교사 자격증을 두고 "뒤로 넘어질 때 받쳐줄 안전장치"라고 말했다. 여자로서 자녀가 크고 난 뒤나 남편이 사별·이혼 등으로 떠났을 때 의지할 수 있는 일자리라는 것이다. 1946년생인 골딘이 1960년대 중반 대학에 진학했음을 고려해 보면 취업을 원하는 이대생의 30% 이상이 교직을 원하던 한국의 1965년과 얼추 비슷한 시기다.

교직이 여자에게 '안전장치'라는 골딘 어머니의 언설과 비슷한 구절을, 한국의 신문 기사에서도 찾을 수 있다. 《매일경제신문》의 1977년 2월 21일 자 기사 '여성女性을 위한 취업就業 가이드'에는 이렇게 적혔다. "현재 우리나라에서는 여교사가 여성의 직업 세계에서는 상당히 큰 비중을 차지하고 있다… (중략) 교사직은 대우에 관해서 가장 남녀차별이 없는 분야다."

노동시장에서 '가장 남녀차별이 없는 분야'이자 여자에게는 '안전장치'인 교직. 그렇다면 노동시장에 상존하는 성차별 현실부터 들여다볼 필요가 있다. 노동시장이 여자들에게 얼마나 기울어진 운동장인지, 골딘이 대학에 들어가던 1960년대처럼 지금도 그런지 아닌지.

여성 노동의 현실

교사, 간호사, 승무원이라는 직종이 가장 자주 듣는 애기는 '여자 하기 좋은 직업'이라는 말이다. '남자 하기 좋은 직업'으로는 절대로 분류되지 않는다. 여자 하기 좋은 직업이라는 말의 의미는 뭔지, 그렇다면 왜 저 직업들은 여자 하기 좋은 직업으로 분류되는지를 알기 위해서는 여성 노동의 현실부터 따지고 들어가야 한다.

성별 임금격차, 기업 임원 내 성비, 비정규직과 저임금 근로자 비율 등 노동에 관한 모든 지표에서 여성들은 남성들에 뒤진다. 30대 들어서부터는 결혼·임신·출산·육아 등의 이유로 경력 단절을 겪으며, 40대에 재취업한 일자리는 저임금에 고용 형태가 불안정한 경우가 태반이다.

'구조적 성차별'의 근거로 가장 자주 언급되는 성별임금격차는 한국이 27년째 경제협력개발기구OECD 가입국 중 1위를 기록하고 있다. 2021년 기준 한국의 성별 임금 격차는 31.1%다. OECD 회원국 38개국 평균(11.9%)의 3배에 가까운 수치로 1996년 가입 이래 27년째 부동의 1위를 차지하고 있다. 일본 (22%), 미국(16%)보다도 현저하게 높다. 여성가족부에서 발표한 '2023 통계로 보는 남녀의 삶'에 따르면 2022년 기준 시간당 평균 임금은 남성이 2만 5,866원, 여성이 1만 8,113원이었다. 여성의 시간당 임금은 남성의 70% 수준이었다.

여성들이 성차별에 막혀 더 이상 고위직으로 올라가지 못하는 상황을 일컫는 '유리 천장'도 여전히 공고하다. 영국 주간지 《이코노미스트》가 발표한 유리 천장 지수에서 한국은 2013년부터 2023년까지 11년 연속으로 꼴찌를 기록했다. 조사 대상 29개국 중 최하위다. 100대 기업 전체 이사회 중 여성 임원 비율은 13.7%로 2022년에야 처음으로 10%대를 돌파했다. 이나마도 2022년 8월부터 자산총액 2조 원 이상의 상장사 이사회를 특정 성이 독식하지 않도록 규정하는 개정 자본시장법이 시행되며 선전한 수치다.

여성들은 취업 자체도 남성들보다 하기 어렵다. 2022년 15~64세 여성 고용률은 60%로, 60%대에 처음 진입했다. 그러나 같은 기간 남성 고용률은 76.9%로, 16.9%포인트나 차이가 났다. 2020년 동아제약 채용 사태에서처럼 면접 과정에서 "여자는 군대에 안 갔으니까 남자보다 월급을 덜 받는 것에 대해 어떻게 생각하나", "군대에 갈 생각이 있나" 등의 성차별적 질문을 받기도 하고, 아예 성비를 미리 정하고 여성들을 적게 뽑은 은행들이 나타나 사회적으로 공분을 사기도 했다.

그나마 갖게 된 일자리의 질도 여성이 훨씬 떨어져, 비정규직과 저임금 근로자 비율은 여성이 단연 높다. 2022년 여성 비정규직 비율은 46%로, 남성 비정규직 비율보다 15.4%포인트 높았다. 중위 임금의 3분의 2 미만을 뜻하는 저임금 노동자 비율도 여성은 22.8%로 남성(11.8%)의 2배 가까이 됐다.

결혼·출산 등으로 인한 경력 단절 또한 현재 진행형이다. 2022년 기준 가족 돌봄 등으로 직장을 그만둬 경력이 단절된 여성은 약 139만 7,000명이다. 이들은 사유로 육아(42.8%), 결혼(26.3%), 임신·출산(22.7%) 등을 꼽았다.

이 외에도 여성 노동의 현실이 열악함을 나타내는 지표는 무궁무진하게 많다. 그런 와중에 '여자 하기 좋은 직업'이라고 일컬어지며 대표적인 여초 직종으로 자리매김하고 있는 교사, 간호사, 승무원은 대체 어떤 이점을 가지고 있는 걸까.

이 각박한 세상에… '그나마' 젠더 불평등을 덜 겪는 직업

교사, 간호사가 '여자 하기 좋은 직업'으로 일컬어지는 데는 이유가 있다. 여자에게 기울어진 운동장인 노동시장에서 비교적 성차별을 덜 받는 직업에 속하기 때문이다. 골딘의 어머니가 그랬던 것처럼, 부모 입장에서 딸 아이가 이 험한 세상 속 여자로 편히 살기를 바라며 권한 직업이기도 하다는 뜻이다.

여성들의 전통적인 인기 직업이었던 교사가 한국에서 더욱 큰 인기를 얻게 된 데는 1997년 국제통화기금IMF 사태 영향도 있다. 당시 경제 위기로 고용불안, 구직난이 심해지자 공무원 같은 안정적인 직업에 대한 수요가 폭발하며 교직에 대한 선호도도 높아졌다. 이에 따라 사태 이후 대학에 입학한 '밀레니얼 세대

(2002~2011학번)'들은 부모님으로부터 교직을 선택하도록 강력히 권유받았다.[12] 여느 때보다 우수한 성적의 학생들이 교육대학 및 사범대학으로 몰려들었고, 교사가 되기 위한 경쟁은 더욱 치열해졌다. 다른 학교에 다니다가도, 심지어는 직장 생활을 하다가도 다시 수능을 쳐 교대나 사범대에 입학하는 학생들도 있었다.

노동시장에서 항상 불리한 위치를 점하는 여성들 입장에서 교사는 더욱 매력적인 직업이다. 간호사나 교사 같은 기존의 여초 직업들은 채용 과정 자체에서부터 여자라는 이유로 차별받지 않는다. 이미 직종 자체에 여성이 많기 때문에, 민간 기업의 면접 등에서 벌어지는 여자라는 이유로 떨어지는 일 따위는 적은 직업이다.

또한 공무원 신분이 절대다수인 초·중등교사는 육아휴직을 최대 3년간 쓸 수 있어 경력 단절을 예방할 수 있다. 1년에 두 번, 여름·겨울방학이 있어 직장인들이 좀처럼 누리기 힘든 긴 휴식을 가질 수 있다는 것도 큰 장점이다.

자격증이 있는 전문직인 간호사는 재취업이 용이한 직업이기도 하다. 이른바 '장롱면허'라 일컬어지는 유휴간호사 문제가 사회적 이슈로 자주 대두되지만, 한국은 인구 대비 간호사 숫자가 절대적으로 모자란 국가다. 중환자실·응급실 등의 필수 의료

---

12 정바울·김재원, 2018, 「밀레니얼 세대 초등교사 연구」, 《한국교육학회 학술대회논문집》, 259-284.

분과나 지방·중소병원 등은 간호사 인력난에 늘 허덕이고 있다. 자격증만 있다면 장롱 속에서 잠자는 면허를 언제고 활용할 수 있는 셈이다.

성별임금격차가 30%에 육박하는 한국에서, 교사와 간호사는 여성에게도 비교적 덜 불합리한 직업이다. 김창환·오병돈(2019)[13]에 따르면 20대 여성은 남성과 학교, 학과, 학점 등의 스펙이 모두 같아도 남성의 82.6%밖에 벌지 못한다. 이에 반해 공무원과 교사 등 공공부문에서 여성의 소득은 남성의 97.4%로, 다른 직업군보다 격차가 훨씬 적었다. 심지어 간호사는 남성들보다 여성이 임금을 더 많이 받는 특이 직종에 속한다. 보건복지부의 보건의료인력실태 조사(2022) 결과 남성 간호사가 100원을 받는다고 가정할 때, 여성 간호사는 102원을 받았다. 여성 약사는 77원, 여성 의사가 70원을 받는 것과 비교하면 보건의료인력 가운데서도 유일하게 여성 인력의 임금이 더 높은 직업이다.

교사·간호사라는 이름을 가진 여자를 향한 사회적 대우도 무시 못 한다. 초등학교 교사로 2년여 동안 일했던 채운은 교사가 '여자 하기 좋은 직업'이라는 데 동의한다고 말했다. "누가 그러더라고요. '교사는 정말 좋은 직업 아니냐, 다른 데 나가면 여자는 아가씨·아줌마라고밖에 안 불리는데 교사는 선생님이라고 불

---

13 김창환·오병돈, 2019, 「경력 단절 이전 여성은 차별받지 않는가? : 대졸 20대 청년층의 졸업 직후 성별 소득격차 분석」, 《한국사회학》 제53집 제1호, 167-204.

릴 수 있지 않냐'라고. 제가 그만둘 때까지는 잘 몰랐는데 나와서 별의별 알바를 다 해보니까 그 말이 너무 와닿더라고요." 아가씨나 아줌마가 아닌, '선생님'이라는 사회적 대우를 받을 수 있는 여자로서 드문 직업이라는 뜻이었다.

여자 하기 좋은 직업=시집가기 좋은 직업?

구글에서 '교사, 간호사'를 검색하면 연관 검색어로 '결혼'이라는 단어가 자주 붙는다. '대학병원 간호사 결혼', '간호사 남편 직업', '의사 간호사 결혼', '보건교사 결혼' 하는 식이다. 남성 입장에서 쓴 '승무원·간호사·교사 만나보고 느낀 점'(블라인드) 같은 글도 검색된다. 글쓴이는 데이트 상대로서, 결혼 상대로서 각 직업의 장단점에 대해 적었다. 여성 고등학생 입장에서 진로 선택을 앞두고 교사와 간호사를 비교하며 고견을 구하는 글도 올라온다. ('여자 직업으로 초등교사 vs 간호사') 여성으로서도 선택에 고민을 겪을 만큼 첨예한 사안이며, 남성으로서도 데이트나 결혼 상대자로 대놓고 비교우위를 논하며 선호도를 따져보는 직업이라는 뜻이다.

우리가 설문조사를 통해 만난 1,031명의 여성 교사들은 교사가 '여자 하기 좋은 직업', '일등 신붓감'으로 일컬어지는 것에 대해 다음과 같은 답변들을 내놨다. '돈은 적당히(굶어 죽지 않을 정도) 벌면서 육아·살림 다 할 수 있는 부려먹기 좋은 직업', '여자가 하기에 적당한 직업이다. 남자들보다는 못 벌어도 괜찮고 그래도 어느 정도 지위는 있고 어느 정도 똑똑하지만 조신한 여자' 같은 이야기.

'남편에게 좋은 아내의 직업', '며느리가 가지면 좋은 직업', '쓰임 좋은 도구 같은 느낌'과 같은 답변에서도 여성 스스로에게 좋은 직업이 아니라 아내와 며느리라는 가정 내 역할 수행자로서 좋은 직업이라는 뉘앙스가 느껴진다. '아이들을 가르치는 일은 가치가 있고 출퇴근이 정확하고 방학이 있다', '그나마 공정한 채용 과정'처럼 여성 교사 당사자로서 느끼는 이점을 피력한 의견은 극소수였다.

또 한 가지 눈여겨 봐야 할 것은 '적당히'와 '어느 정도'라는 부사의 존재다. 답변자는 교사라는 직업에 대해 남성 입장에서 '결혼 상대자로 연봉이나 사회적 지위나 지적 수준이 적당하고 육아를 병행하기에 좋은 직업'이라는 의미로 해당 단어를 쓴 것으로 보인다.

설문조사 결과를 종합하면, 교사라는 직업은 외부의 시선에서 '여자가 일·가정 양립을 꾀하기에 적당한 직업' 정도가 된다. 반대로 말하면, 한국 사회에서 교사는 남자가 하기에 좋은 직업으로 여겨지진 않는다. 여성 비율이 70%를 넘어가는 압도적 교원 성비가, 남성들의 교직 비선호를 보여준다. 2023학년도 서울 공립 초등교사 합격자 10명 중 9명은 여성일 정도로 '여초 교단'

은 갈수록 심화하는 양상이다.

교단의 성비 불균형을 해소할 교육계의 방안을 보면 의문은 쉽게 풀린다. 2017년에 게재된 한 기사[14]에서 익명의 전국교직원노동조합 관계자는 "중요한 것은 교원의 사회·경제적 지위를 개선해 교직 진출을 매력적으로 느끼도록 해야 한다"라며 "사회 다방면으로의 여성 진출을 더 촉진하면 교직으로 쏠리는 여성들이 다소 분산될 것"이라고 덧붙였다. 바꿔 말하면 현재 교사의 사회·경제적 지위는 남자들의 기대를 충족할 만큼 충분하지 않으며, 사회 전반에 여권이 신장되면 교직 말고 다른 직업을 선택하는 여성이 늘 것이라는 얘기다.

실제 여성들이 주로 종사하는 직종에 대한 저평가는 임금 수준으로 여지없이 드러난다. 최세림·정세은(2019)[15]에 따르면 다른 조건이 동일할 때 직종 내 여성 비율이 10%p 높으면 평균 임금이 1.4% 하락한다. 직무와 개인 특성에 관한 다양한 통제 변수를 포함해도, 여성의 평균 임금은 남성에 비해 34% 낮다. '여성'이라는 것 자체가 임금 하락이라는 페널티로 작동하는 중이다.

한편 사회 다방면으로의 여성 진출이 제한된 탓에 여성들은 이들 직업에 더욱 쉽게 쏠린다. 여성들 입장에서 간호사와 교사

---

14 설승은, 2017/1/30, "서울 초등교사 87%는 여성교사⋯교단 여초 현상 심화", 《연합뉴스》.

15 최세림·정세은, 2019, 『성별 직종분리와 임금 격차』, 한국노동연구원.

는 주변에 레퍼런스가 산재해 있는, 자격증을 가진 전문직이다. 곧, 이들 직업은 여성이 가늠하는 세상의 크기를 나타내는 직업이기도 했다. 간호사가 무슨 일을 하는 줄도 몰랐던 고3 소녀 원진이 친구들이 다들 적는 '간호학과'에 같이 지원했듯, 고교 시절 수학을 잘했던 도도가 의대나 포항공대 진학 대신 '부모님이 생각할 수 있는 여자 직업'이었던 수학교사를 선택한 것처럼.

그러나 오늘을 사는 여자들은, '여자 하기 좋은 직업'이라는 말에 적극 반기를 든다. 이들 직업이 사회가 요구하는 여성상인 '육아를 병행하며 벌이도 괜찮은 워킹맘'이라는 프레이밍에 걸맞은 직업으로 정체화됐다는 것이다. 12년 차 초등학교 교사인 지은(34)은 "교사는 일등 신붓감이라는 말 자체가 정상 가족을 염두에 두고 여성 생애가 결혼·출산·육아 등으로 딱 이미 정해져 있다는 생각을 내포하고 있다는 게 너무 소름 끼친다"라고 했다.

사명감을 가지고 교사, 간호사 등으로 살았던 이들 또한 그런 말이 불쾌하다. 초등학교 교사로 13년을 근무한 주영(38)은 "직업인으로서의 내 자존심을 건드리는 말"이라고 했다. 직업 자체가 지닌 가치를 조명하는 대신 성별을 나눠 해당 직업에 대한 진지한 고민을 방해하는 말이라고 생각하기 때문이다.

12년 차 간호사인 소민(34·가명)도 단호히 그 말에 반대했다. "전혀 그렇게 생각하지 않아요. 간호사라는 직업은 이 일을 잘할 수 있는 사람이 해야지 성별이랑은 상관없는 것 같아요." 개인의 적성이나 흥미가 곧 직업 선택의 가늠자가 되어야지 특정 성별에 유리하거나 잘 맞는 직업이란 존재하지 않는다는, 너무도 당연하지만 자주 간과되는 얘기다.

우리는 소위 '여자 하기 좋은 직업'을 경험한 여자들이, 과연 직업인으로서 어떻게 살고 있는지를 더 들여다보기로 했다. 2022년 5월부터 2023년 11월까지 교사, 간호사, 승무원, 방송작가 등 32명의 여성들을 만나 심층 인터뷰를 진행했다.

2장

여초 직업의
기쁨과
슬픔

1. ————

나는 왜
————— 여교사로 살기를
포기했는가

현주

힘들지만, 이 순간을 기다려 왔잖아요

머리를 질끈 묶은 여성이 눈을 반쯤 뜬 피곤한 얼굴로 아침밥을 억지로 한술 뜨며 나지막이 외친다. "어휴, 학교 가기 싫다." 싱크대 앞에서 그를 지켜보던 앞치마를 두른 중년 여성이 말한다. "가야지, 네가 선생님인데." 박카스 광고 2022 선생님 편의 첫 장면이다. 식탁에 앉아 있던 여성의 모습은 초등학교에서 고군분투하는 교사로 전환되며, 환하게 웃는 어린이들에게 둘러싸인다. 이때, 흘러나오는 멘트. '반가운 만큼 힘도 들지만, 이 순간을 기다려 왔잖아요.' 교사로 재직하면서 가장 보람찼던 순간을 떠올려 보라고 한다면, 광고에서 묘사한 것처럼 아이들의 웃는 모습을 보는 순간이었다.

'다음 사회 시간에는 이 수업모형을 적용하면 아이들이 학습 목표에 더 쉽게 도달할 수 있겠지? 그리고 재미도 있을 거야.' 주당 20시간 이상의 수업을 매번 새로운 것으로 준비해야 하는 초등교사 특성상, 초짜였던 나에게 오후 4시 40분 칼퇴는 사치였다. 수업 교안 탐색, 우리 반 수준에 비추어 살피기, 자료 제작 등을 하면 40분짜리 1차시 수업을 준비하는 데 40분 이상의 시간이 소모되었기 때문이다. 그래도 나의 예상대로 수업이 잘 흘러가고, 아이들이 지루해하지 않으면서 학습을 수월하게 해나가면 힘들었던 준비과정은 깨끗이 씻겨 내려갔다. "선생님, 공부가 너무 재미있어요!" 표현이 적극적이었던 학생들은 쉬는 시간에 나에게 웃으며 달려와 이런 믿기지 않는 말을 해주었다.

"선생님, 쉬는 시간 안 하고 그냥 계속 수업 이어서 하면 안 돼요?"

"안 돼. 쉬는 시간은 꼭 지켜줘야지."

학생일 때 쉬는 시간을 잡아먹는 선생님이 제일 싫었던 나는 쉬는 시간은 칼같이 꼭 지켰다. 아이들을 위한 약속이기도 했지만 나 역시도 숨을 쉬어야만 했기 때문이다.

"작년 일도 그렇고, 저희 아이가 좀 겁이 많아서 의기소침한 편이에요. 집에서 똑똑한 언니들한테도 치이고요. 잘 좀 부탁드려요, 선생님." 학부모 상담에 오셨던 어머니는 우리 반 아이와 똑 닮은 팔자 모양의 눈썹을 만들며 말씀하셨다. "걱정 마세요, 어머님. 우리 현이 학교생활 정말 잘하고 있어요." 직전 해에 반에서 있었던 일 때문에 친구 관계와 학습에서 불안정한 태도를 보였던 현이를, 나는 티 안 나게 많이 살폈다. 목소리 큰 아이들의 얘기를 듣는 것보다는, 뒤에서 눈빛으로 말하고 있는 아이들의 마음을 이해하는 것이 교사가 할 일이라고 생각했기 때문이다.

그런 노력 때문이었을까. "제가 회장이 된다면…" 현이는 2학기 학급 회장 선거에 스스로 출마해서 당선되었다. 현이는 2학기에 회장 역할을 성실하게 해냈고 학습도 눈에 띄게 좋아졌다. 학년 말 시기에 밝고 활발해진 현이를 보며 나는 마음이 뜨거워지는 것을 느꼈다. '교사가 되길 참 잘했다.' 교사는 한 어린 인간을 죽일 수도, 살릴 수도 있는 직업이라고 느낀 순간이었다. 어린이들의 마음을 세심하게 살피는 것은, 충분한 트레이닝을 받은 교사가 정성과 사랑을 쏟아야만 가능한 일이기 때문이었다.

"찬이야, 화가 날 때는 친구한테 아무 말이나 막 내뱉지 말고 잠시 다른 곳으로 가서 3초간 숨을 쉬어봐." 반 친구들과 자주 갈등 상황에 놓이는 찬이와 방과 후 교실에서 마주 앉았다. "잘 봐. 여기 동그라미가 너야. 막 화가 났지? 그럴 때 잠시 너 자신과 멀어지는 연습을 하는 거야. 네가 다른 사람이 되어서 화가 난 널 지켜본다고 생각해 봐." 분노 조절이 안 되는 4학년 아이에게 일종의 메타인지 개념을 이해시키려고 그림도 그리고 손짓 발짓을 해가며 읍소를 했던 기억이 떠오른다. 달콤한 간식 하나를 쥐여

주며 함께 오후 햇살을 받아서 그런지 찬이의 표정은 점점 편안해졌다. 그 후로 비슷한 갈등 상황이 생기려고 할 때 "찬이" 하고 부드럽게 이름을 부르며 넌지시 눈치를 주면 아이는 스스로 두 발짝쯤 물러나 셋을 세는 듯했다. 고맙게도 찬이는 내 교실에서 1년을 잘 버텨주었다.

많은 교사들이 담임교사의 노동을 농사에 비유한다. 비록 파종은 우리가 한 것이 아니지만 자라고 있는 존재들을 품에 데려와 가지치기도 하고, 물도 주고, 잡초도 뽑아주고, 매일 살피다 보면 어느새 자라서 스스로 다음 단계를 준비한다. 교사들은 지금 당장 조직에 더 많은 성과를 가져오기 위해 노력하지 않는 대신, 장기적으로 이 사회를 지탱해 나갈 존재들을 길러내는, 어찌 보면 지루한 역할을 맡았다.

순수하고 귀여운 존재들과의 공존

'병원에서는 아픈 사람 보고, 경찰들은 나쁜 사람 보는데 세상에서 가장 귀한 어린이들을 직장에서 보는 것이 얼마나 축복이냐'고 어른들이 말했다. 맞는 말이다. 여자가 하기 좋은, 안정적인 직업 초등교사는 실제로 좋은 직업이다. 적어도 아이들과 교실에서 존재하는 그 순간에는 그렇다. 가끔은 나 혼자 보기 정말 아까운 광경들, 예를 들면 수학 여행 가는 버스에서 누군가 토를 했는데 '선생님, 제가 치울게요' 하며 서로 휴지를 가지고 달려오는 장면, 체육시간에 협동 줄넘기 목표를 달성해서 하나같이 양손을 번쩍 들며 기뻐하며 웃는 아이들, 수학 익힘책에서 어려운 문제를 푸느라 집중해서 사각사각 연필 소리 말고는 아무 소리도 들리지 않던 때, '선생님, 저 오늘은 김치 다 먹었어요' 하며 급식판을 내밀면서 오물거리는 작은 입, 단면 색종이 뒷면에 한껏 공주님을 표현한 그림과 '선생님 사랑해요♡♡'라고 적힌 손 편지, 잘못한 것을 인정하고 친구와 선생님에게 진심 어린 사과를 하며 고개를 푹 숙인 아이의 눈물. 초등교사가 아니면 그 누구도 알 수 없는 어린이들의 순수함과 가르치는 기쁨이 교실에는 존재한다.

"아이들하고 지내는 게 유치원 생활 중에서 제일 행복감을 주는 일 같아요. 아이들하고 있는 게 교사들한테 웃음도 주고 감동도 주고 재밌는 일들도 꽤 많이 생겨요. 유아들의 예상치 못한 엉뚱한 발언이나 어린이에게서만 발견할 수 있는 순수함에 파묻힐 때 커다란 기쁨을 느끼죠."

현직 공립 유치원 교사 다솜(35)

나 역시 유아를 키우는 양육자로서 아이를 병설 유치원에 보내면서 선생님과 전화 상담을 할 기회가 있었다. "우리 ○○이가 급식 시간에 '이 반찬은 고소한 맛이 나서 맛있고요, 국은 따뜻하고 짭짤해서 맛있어요'라고 말하더라고요. 아이들이 음식에 대해 그렇게 구체적으로 표현할 수 있는지 몰랐는데 ○○이 덕분에 급식시간에 웃을 때가 있어요." 아이들을 어여쁜 시각으로 세심하게 살피지 않으면 모를 커다란 기쁨. 교사들이 갖고 있는 가장 위대한 애정 표현 방식 아닐까.

다솜은 직장에서 유아들과 지내는 일상에 대해 이렇게 설명했다. "제가 교사니까 아이들을 가르친다고만 생각을 했었는데 아이들한테 배우는 것도 되게 많이 있더라고요. 아이들하고 지내면서 삶의 방향을 정돈해 나갈 수 있는 그런 기회들이 생기는 것 같아요. 아무리 작은 거라도 아이들한테 배울 게 있고 아이들과 지내는 과정에서 깨닫는 게 있으니까 그런 점이 유치원 생활에서 가장 장점이 되는 것 같아요." 유아교육은 지식의 전달 차원보다는 인생을 살아가기 위한 기초적인 훈련을 생활에서 배우는 측면이 크다. 그렇다 보니 어린이로부터 건너오는 배움은 유치원 교사만 경험할 수 있는 직업적 행운이기도 하다.

인간에게 쏟을 수 있는 애정 그 자체

전직 초등교사 주영도 교사의 장점은 아이들에게 있다고 힘주어 말했다. "세상을 보는 눈이 교실에 있다고 생각해요. 앞으로의 시대는 지금의 10대들이 만들어 갈 거잖아요. 현재도 그렇긴 해요. 아이들이 몰입해 있는 것이 더 세련된 방식으로 어른들에게 퍼져 나가고 있다고 보였어요. 정리하자면 교사는 아이들에게 시대 흐름을 배울 수 있는 특장점을 가진 직업인 거죠. 교사를 그만두어서 아쉬운 점 딱 한 가지가 아이들 가까이에 있지 못하는 거예요. 사직한다고 할 때 아이들이 정말 많이 말렸죠. 저도 애정을 참 많이 쏟았거든요. 집에 와서도 수업 준비하고, '아이들이랑 뭐 하면 재밌을까?' 그 생각 하느라 밤늦게까지 찾아보고 그랬어요."

늦저녁 번호가 저장되어 있지 않은 낯선 이에게 카카오톡 메시지가 도착했다. 각종 피싱이 난무하는 시대라 긴장한 마음으로 채팅창을 열어보니 '선생님, 잘 지내세요? 저 은재예요'라고 메시지가 와 있다. 프로필을 눌러보니 눈웃음이 서글서글했던 12년 전 제자, 6학년 1반 회장 은재가 그대로 커서 어른이 되어 있었다.

'혹시… 6학년 때 회장 은재?'

'네, 쌤. 저 지금 병장이에요! 예전 동창 친구들이랑 옛날이야기 하다가 선생님 생각나서 연락드렸어요. 잘 지내시죠?'

'그럼, 잘 지내지. 다른 친구들도 다 잘 있지?'

'네, 선생님. 전역해서 애들이랑 모일 때 연락드려도 돼요? 저 이제 군대에서 휴대폰 반납할 시간이라 나중에 또 연락드릴게요.'

근황과 인사말을 마친 은재에게 도착한 마지막 메시지는 스타벅스 기프티콘과 함께 날아왔다.

'선생님, 감사합니다.'

교사는 하나의 직업일 뿐이지만 돈으로 살 수 없는 보람을 느끼는 순간은 늘 사람에게서 왔다. 지나간 인연을 떠올리고 그때 받은 애정을 현재의 시점에서 보답하는 것. 내가 교사가 아니었다면 이러한 감사를 느낄 수 있었을까.

고등학교 영어교사로 근무했던 가넷은 특히나 학생들에 대한 애정을 드러냈다. "교사의 가장 큰 장점은 학생들과 그 시절을 함께 보내면서 서로 영향을 주고받을 수 있다는 거죠. 졸업한 제자들이 연락이 많이 오는데, 저는 그 애들이랑 진짜 친구처럼 지내요."

가넷은 공고에서 근무했던 경험을 떠올리며 편견에 대해서도 얘기했다. "공고 학생들이 거칠 거라는 선입견이 있는데, 괜찮고 열심히 사는 학생들이 많아요. 오히려 철이 너무 일찍 들어가지고 어른스러운 애들도 많거든요. 그런 친구들은 예뻐서 격려를 많이 해줬어요. 자퇴하고 싶어 하는 친구가 있었는데, 졸업은 꼭 해야 한다고 설득하고 설득해서 졸업을 시켰고요. 그 친구는 아직도 스승의 날마다 찾아오고 그래요. 다른 직종도 '내가 돈은 요만큼 벌어도 장점이 있으니까 버틴다' 이런게 있잖아요. 저에게 장점은 다른 게 아니라 제가 애정을 쏟고 싶은 학생들이었던 거죠." 고등학생들은 성인에 가까워지는 나이이기 때문에 문제 행동을 해도 어린이들과는 다르게 스케일이 크고 골치가 더 아프다. 나의 경우 사범대 대신 교육대학교를 선택한 이유가 덩치 큰 아이들을 다루기 힘들 것이라는 예상 때문이었다. 가넷은 그런 학생들에 대해서도 솔직하게 말해주었다. "개인적인 가치관인데, 술 먹고 담배 피우는 애들 그렇게 잘못했다고 생각 안 해요. 남한테 '담배빵(맨살에 담뱃불을 지지는 행위)' 하는 게 아니면요. 어렸을 때 호기심으로 할 수 있는 일이라고 봐서요. 남한테 폐 끼치고 성희롱하고 학교 폭력 저지르고, 왕따시키고 그런 게 진짜 나쁜 행동이라 생각해요. 근데 나쁜 행동 하는 걔네도 다 사람이 잖아요. 그래서 학교의 역할이 중요하다고 생각해요. 걔네가 지금이 아니면 언제 이거를 잘못했다고 느끼고 계도가 되겠어요? 애들이 학교에서 어떤 제재를 받으면 '어른 되어서 이렇게 행동하면 진짜 잘못될 수 있구나'를 깨닫고 나중에 안 할 수도 있잖아요. 그게 결국 걔한테 도움이 되는 방향이죠. 학교라는 제도권 울타리 안에 있을 때, 가르침을 줄 수 있는 선생님이나 징계 시스템이 존재할 때 하나라도 더 배워야죠. 그래야 어른되어서 다시 가해자가 되는 일이 없지 않을까…"

10년 뒤쯤 사회에 나갈 인간을 가르치는 초등학교 교사와 내년이면 법적으로 성인이 되는 존재를 만나는 고등학교 교사는 학생에게 주는 애정 표현의 결이 다를 수밖에 없음을 느끼는 문장이었다.

오래 버틸수록 좋은 직업

'가만히 있으면 정년까지 할 수 있는데 그 좋은 직장을 왜 그만뒤?' 내가 사직을 선택했다고 말했을 때 교사가 아닌 주변 친구들이나 지인들의 반응은 뻔했다. '남들은 못 얻어서 난리인 철밥통을 걷어차다니. 용감하네.' 국공립 교사로 근무했던 그들은 공무원의 단단한 밥통이 주는 이점을 얼마나 누렸을까.

채운은 근무 여건이나 안정성 측면에서 초등교사는 장점이 많다고 말한다. "출산 휴가, 육아 휴직, 방학이 보장되는 것이 장점이죠. 물론 방학 동안 남들이 아는 것처럼 계속 놀진 않지만, 다른 직장에 비하면 정말 좋은 시간이니까요."

"방학 잘 보냈어요? 선생님은 너희들이 정말 보고 싶었답니다." 개학 날 내가 아이들에게 했던 말이 새빨간 거짓말은 아니지만, 여름방학이 끝나자마자 겨울방학을 기다렸던 것도 사실이었다. 정신적 쉼으로 채우는 공백기인 방학이 없다면 과연 교사들이 생존할 수 있을까. 학교급에 따라 다르긴 하지만 방학은 교사만 가지고 있는 장점이기는 하다.

채운은 다른 직장 동료들과의 불필요한 협업을 하지 않아도 되는 독자적인 근무 환경에 만족을 느끼기도 했다. "승진을 목표로 하지 않는다면 다니기 편할 것 같아요. 직장 상사 눈치 하나도 볼 필요 없고, 그냥 내 할 일만 열심히 하면 되니까요. 저는 3년 진짜 편하게 다녔거든요. 교장 선생님이 뭐라고 하든 교감 선생님이 뭐라고 하든 아부할 필요가 없으니까 그런 점은 좋은 것 같아요. 일반 회사는 그런 상사 스트레스가 많으니까. 교사는 내가 할 일만 제대로 딱 하면 진짜 정년까지, 끝까지 할 수도 있는 거고 안정적인 게 가장 큰 장점이죠."

중등교사들 역시 교사의 직업적 장점을 비슷하게 꼽았다.

"교사의 장점을 크게 세 가지를 제가 생각해 봤어요. 첫 번째는 칼퇴와 방학, 두 번째는 인간의 성장을 보고 보람을 느낄 수 있는 직업이라는 것, 세 번째는 15년 이상 버티면 월급이 조금 나아진다는 거죠. 우리나라 교사의 평균 수입이 15년 이상 정도 되면 OECD 평균보다 올라간대요."

23년차 중등 사회 교사 혜화(46·가명)

교육공무원은 호봉제이기 때문에 꾹 참고 버티면 정년까지 조금씩 인상된 월급을 받으며 일할 수 있다는 것은 누구나 안다. 또한 내가 자리를 비우면 기간제나 시간 강사 등으로 인력 공백을 채울 수 있기 때문에 휴직 등을 사용할 때 눈치를 덜 볼 수 있다.

정미가 중등교사의 현실적인 장점을 말해줬다. "바쁜 시즌 빼고는 웬만하면 칼퇴근할 수 있는 분위기가 좋죠. 물론 칼퇴하기 전까지 미쳐 돌아가시지만(웃음). 직업이 안정적인 것 그리고 연금이 나온다는 것은 큰 장점이에요."

안정적인 것은 참 좋았지만 학교에서 오는 극심한 스트레스 때문에 정미는 출근할 수 없을 정도로 심신이 많이 지쳤었다고 한다. "웃기는 게 제가 교사 생활 8년 중에서 제일 만족했을 때가 언제였냐면요. 유급 휴직 1년 받았을 때였어요. 학교를 딱 벗어나니까 나무랑 꽃이 예뻐 보이고요. 세상이, 미래가 희망차게 느껴지고 그랬었어요." 학교가 가장 고마웠던 순간은, 학교에 안 가도 되었던 때라고 말하는 아이러니함이 이해되는 동시에 과거의 정미가 안쓰러워졌다.

현직 고등학교 교사 원하(44·가명)는 출산과 육아를 겪고, 교사라는 직업에 감사하게 됐다고 했다. "제가 출산과 육아를 하기 전에는 교사 장점에 대해 생각 못 했었거든요. 저 같은 경우 고등학교에 오래 있어가지고 담임하면 야자를 하니까, 일반 기업보다 더 늦게 퇴근하는 경우도 많았고 해서 근무 여건 혜택을 못 느꼈어요. 그러다가 제가 육아 휴직을 하게 되면서는 많이 느꼈죠. 애기 엄마가 되고 나니 출산 휴가와 육아 휴직을 눈치 안 보고 쓸 수 있는 것이 참 감사하구나."

원하의 이야기에 동의할 수밖에 없는 지점이 나 역시 휴직이라는 제도가 있었기 때문에 이 책을 쓸 수 있었다고 여긴다. 휴직 기간 동안 읽고 싶은 책도 마음껏 읽고, 배우고 싶은 것을 배우는 시간적 여유를 누리면서 교사가 아닌 길을 도전해 보는 상상을 할 수 있었기 때문이다. 일반 직장인은 퇴사를 해야 자기 자신에 대해 고민해 볼 시간이 생긴다면 교육 공무원은 휴직제도를 통해서 그런 시간을 확보할 수 있다.

이러한 특장점에도 불구하고

언제부터였을까? 이 직업이 계륵 같다고 느껴지는 날이 그렇지 않은 날보다 점점 많아졌다. 6년 차였던 걸로 기억한다. 2014년 공무원 연금 개혁안이 통과됐다. 2014년 공무원 연금 개혁안은 재직 공무원의 본인 부담률을 9%까지 올리고 신규 공무원은 국민연금과 동일하게 부담률과 수령액을 조정하겠다는 취지다. 요약하자면 공무원이 내는 부담금은 많이 늘지만 연금은 더 적게, 더 늦게 받는 것이다. 더욱이 국민연금과의 형평성을 도모하겠다는 목적의 조정은 공무원들의 사기를 떨어뜨리기에 충분했다. 2000년대 초반 퇴직 교사들이 받는 350만 원의 연금과, 내가 35년 후 받게 될 그보다 적은 연금을 비교하면 내쪽이 초라하기 짝이 없는 것이었다. '월급이 적어도 연금 보고 들어온 건데, 이거 취업 사기 아냐? 계약서랑 다르잖아.' 뉴스를 보고 화가 치밀었던 기억이 떠오른다. 내 연금이 깎이는 것이 짜증 나는 것보다 더 실망스러웠던 것은 이미 연차가 찬 동료 교사들의 반응이었다. "연가 투쟁이라도 해야 하는 거 아니에요?"라고 물었을 때 돌아오는 어색한 미소는 '어차피 내 일 아냐. 우리 때는 출산 휴가도 없이 더 힘들게 일했거든'처럼 들렸다. 연금 개혁을 공무원 임용 시기에 따라 3단계로 쪼개어 구분한 정부의 술수가 교사들을 분열시키는 가장 효과적인 방법이라는 것을 목격하고는 비슷한 연차들끼리 모여서 한탄을 할 수밖에 없었다.

교사라는 직업에 실망한 것은 미래의 연금 뿐 아니라, 현재의 근무 환경 탓이 더 컸다. 등교 전부터 학급 아이들 출결 및 특이사항을 체크하면서 하루 종일 아이들과 붙어 있다가 퇴근 후에도 수시로 울리는 학급 관리 앱 알림음에 노이로제가 걸리지 않은 담임교사는 아무도 없을 것이다. 그러다 보면 이런 절규가 저절로 터져 나왔다. "하루에 4,000원[16]꼴인데 이거 담임 책임이 어디까지예요? 4,000원으로 정신과 약값도 안 나오겠어요." 직업의 온 앤드 오프On and Off가 쉽지 않다는 것을 비롯, 그것을 2016년부터 동결된 13만 원의 담임 수당으로 커버해야 한다는 것은 너무나 잔인했다. 더 가혹한 것은 하루에 공문을 몇 개씩 처리하며 각 부 책임을 맡은 보직교사 수당이 20년째 7만 원으로 동결이라는 거다. 서이초 사건 이후 교사들의 목소리를 인식할 탓일까. 교육부는 2023년 12월 담임 수당을 월 20만 원, 보직교사 수당을 월 15만 원으로 인상하겠다고 밝혔다. 담임 수당은 2016년, 보직 수당은 2003년 이후 첫 인상이다. 교육부는 교사들의 근무 여건 개선을 위해 담임 53.8%, 보직 114%의 수당 인

---

16 임채민, 2023/10/10, "업무 강도 심한 데 비해 담임 수당 하루 4,000원꼴⋯광주·전남 기간제 교사 절반이 담임 떠맡아", 《프레시안》.

상을 결정했다고 밝혔지만 이는 충분하지 않다. 담임 수당이 한 달에 20만 원이라는 것은 하루에 1만 원꼴, 30명의 학생이라면 학생당 일 333원꼴에 불과하기 때문이다. 담임 수당은 하루 종일 가르치고 생활지도까지 하는 무거운 책임에 비해서는 턱없이 적다. 이러니 '안 받고 안 하겠다'는 교사들의 담임 기피 현상이 하나의 흐름처럼 번지고 있는 것이다.

그뿐만 아니다. '앗! 학교 공사비가 교도소보다 싸다.[17]' 집에서 가져온 전기 포트에 물을 끓여 내 돈으로 산 커피믹스를 타놓고 잠시 잊은 사이 차갑게 식어버린 커피를 마시게 되었을 때 '학교는 왜 이렇게 추운 걸까'를 되뇌다 발견한 기사다. 사람은 참 별거 아닌 걸로 '내가 이런 취급을 받다니'라고 여긴다. 그런 별거 아닌 먼지들이 켜켜이 쌓이다 보니 교사의 특장점이 보이지 않기 시작했다.

차가운 커피믹스를 마시면서부터였을까? 집안일과 육아와 일을 저글링하듯 해내다 지쳐 쓰러지듯 잠이 들며 차라리 '내일이 오지 않았으면 좋겠다'고 생각한 워킹맘으로서의 나 자신이 미워져서일까, 시니어로서의 자부심보다 똑같이 제비뽑기로 담임을 뽑는 것을 두려워하는 20~30년 차 선배들이 안쓰러워 보였을 때일까, 화장실 갈 시간도 없이 수업하고 일하다가 방광염

---

17 권해석, 2018/10/29, "학교 건축비 주차장·교도소보다 싸다", 《대한경제》.

에 걸려서 끙끙 앓다가 다른 선배는 신우신염인 것을 알았을 때일까, 세월호 이후 생존수영 교육처럼 사후 약방문 대책을 학교로 꾸역꾸역 밀어넣는 공문을 보고 머리가 지끈거렸을 때일까, 아이들을 위한 교육시설 대신 전시 행정에 과도한 예산을 쏟아붓는 교장의 검은 속내를 봤을 때일까, 코로나 이후 몇몇 아이들의 완전히 망가진 생활습관을 교육의 힘으로 바꿔내기 역부족이라고 느꼈을 때일까, 수업에 쏟을 에너지가 20%도 남지 않아 아이들에게 미안한 마음이 들었기 때문일까, 사회 초년생일 때는 비슷했던 것 같은데 이제는 내 연봉을 말하기가 부끄러운 친구들과의 비교 때문일까.

사직 서류가 처리되고 '저 이제 다음 달부터 출근 안 해요'라고 전하고 동료 선생님들이 '그래, 자기라도 빨리 떠나'라고 뒷말을 씁쓸하게 흐릴 때 나는 들었다. '여긴 희망이 없어' 콕 찝어 말할 수는 없지만, 분명한 것은 직업을 선택할 때의 기대와 현재의 나의 상황이 많이 뒤틀려 있었다는 것이다. '그래도 우리 직업 보람 있잖아요' 대신 '진지하게 공부방이라도 차릴까 봐요'라는 온라인 여교사 커뮤니티의 글을 볼 때도 이것이 나 혼자만의 생각이 아니라는 것을 느꼈다.

의원면직 서류를 내던 2022년의 나는, 교사라는 직업을 성직관이나 소명 의식, 명예직이 아니라 그냥 월급쟁이 중 하나로 바라봤다. 이 직장은 나에게 업무 강도나 스트레스를 감내할 만큼의 실수령액을 보장하는가? 20년 이상 근무할 경우 나에게 그만한 커리어가 쌓여서 인생 이모작을 할 만한 바탕이 되어주는가? 남들의 시선이나 외부 평가 말고 내재적 가치를 실현할 수 있는 일을 하고 있는가?

앞으로 쇠털 같은 나날들을 지내다 보면 사직한 것을 후회할 수도 있다. 내 결정이 틀렸었다고 여길 수도 있다. 하지만 그때의 내 대답은 '아니요'였다.

2. ————

여초 직업의

————— 열악한

현실

슬기

직장에서 '엄마' 역할을 한다는 것

"방송 현장에서, 작가는 집에서 엄마가 하는 역할들을 그대로 맡고 있다는 생각이 많이 들었어요. 집에서 갑자기 TV가 안 나오거나 하는 문제 상황이 생기면 바로 엄마한테 가서 '엄마, TV가 안 나와' 하잖아요. 아빠가 '밥 줘' 하면 엄마가 말없이 밥을 하는 게 당연한 것처럼요."

전직 방송작가 한별(34)

우리가 만난 여초 직종의 전현직 종사자들은, 직장에서 '엄마' 역할을 하기를 요구받았다고 전했다. 실제 이들 직종은 가정에서 엄마들이 하는 돌봄을 어느 정도 체화하고 있는 직업(교사,

간호사, 항공사 승무원)이거나, 집에서 돌봄이 엄마의 몫이듯 일터에서 돌봄이 필요한 영역은 자신들의 몫으로 돌아왔다(방송작가)는 증언을 했다.

8년간 시사·교양 프로그램의 방송작가 일을 했던 한별(34)은 방송 제작 구성원들을 집에서의 가족 구성원에 빗대 설명했다. 자신이 메인 작가일 때는 엄마의 일을, 막내 작가일 때는 막내딸의 일을 수행했노라고. "현장에서 딱 그래요. 'PD-메인 작가-조연출-막내 작가' 이게 집에서의 '아빠-엄마-아들-딸'이에요. 그래서 저도 막내 작가로 일할 때 딸처럼 엄마·아빠(메인 작가와 PD)가 시키는 대로 막 했어요. 조연출 오빠가 도와달라 하면 도와주고요. 좀 어색했던 점은 제가 집에서도 한 번도 딸 노릇을 제대로 하거나 그런 적이 없었다는 거예요. 그런데 방송 현장에서는 내가 전형적인 딸처럼 행동하고 있다는 생각이 많이 들었어요."

방송작가는 여성 비율만 94.6%[18]에 달하는 '여초의 세계'다. 방송 현장에서 작가는 가족 구성원처럼 젠더화된 역할을 수행해야 했다. 한별의 분석에 전직 방송작가인 승희, 현제도 일정 부분 공감했다. 시사·교양 프로그램 작가로 9년을 일했던 승희는 "PD랑 작가 관계는 약간 가부장적인 수직적 요소가 있는 거 같

---

18 방송작가유니온·전국언론노동조합, 2016, 〈방송작가 노동인권 실태조사보고서〉.

긴 해. 일단 대부분 PD는 정규직이기도 하고 작가는 비정규직이니까 그런 데서 오는 위계도 다르고, 일 생기면 일단 작가가 먼저 나서서 마사지 같은 걸 좀 해야 해. 집에서 엄마가 자질구레한 일 도맡듯이. 하다못해 출연자가 '펜 없어요?' 하면 제일 먼저 찾아다 줘야 하고." 승희는 연예인 패널의 입맛에 맞는 도시락을 찾느라 동분서주했던 막내 작가 시절을 떠올리며 "심부름하는 막내딸 맞네"라고 말했다.

학교에서도 교사들에게 기대되는 역할 가운데 '돌봄'은 여성 교사의 몫이다. 돌봄의 손길이 필요한 초등학교 저학년 담임엔 젊은 여성 교사들이 배정되는 것이 같은 맥락이다. 2013년부터 초등교사 생활을 시작한 전국교직원노동조합 부위원장 지은(34)은 "실제 여성 교사들, 특히 20대 여교사들한테 엄마 같은 역할을 많이 기대한다"라며 "그래서 1·2학년 담임은 대다수가 여성"이라고 말했다. 아이들 용변 후 뒤처리, 급식 지도, 머리 묶어주기 같은 보살핌은 으레 '무심한' 남성보다 '세심한' 여성이 더 잘하리라 여겨지는 탓이다.

정규수업 이외에 맞벌이·저소득층·한부모 가정 등의 학생을 대상으로 하는 돌봄교실 관련 행정 업무도 '돌봄'이라는 이름으로 여교사들의 몫이 된다. 돌봄 자체는 학교 비정규직인 돌봄전담사가 하지만, 관련 예산을 집행하고 돌봄전담사 인력을 관리하는 행정 업무 등을 여성 교사가 맡는다. 남성들은 학교폭력이나 과학 및 정보, 체육 교육 관련 업무를 맡는 식으로 학교에서의 업무가 철저히 젠더에 따라 분업화돼 있다.

교사의 업무 자체는 돌봄과 떼려야 뗄 수 없는 관계다. 기초적인 생활 습관을 바로잡는 것에서부터 고차원적인 정서적 돌봄까지 인간의 성장 단계에서 필수 불가결한 다양한 차원의 돌봄이 이뤄지는 공간이 학교이기 때문이다. 그러나 초등학교 저학년 담임처럼 더욱 집중화된 돌봄에 여성 교사들이 투입되거나, 남성 교사와 달리 여성 교사에게만 돌봄에 대한 기대가 과도하게 주어지는 것은 성차별적이다. "여자 선생님이니까 좀 더 신경 써주실 줄 알았죠"라는 학부모의 예사로운 기대, 성차별적인 업무 분장에 항의하면 듣는 "에이, 남자 선생님들은 원래 좀 무심하잖아"라는 교장·교감 등의 말은 학교에서 여성 교사가 늘 부닥치는 장벽들이다.

'엄마 역할'의 다른 말은 '감정 쓰레기통'이라고, 우리가 만난 여러 여초 직업 종사자들은 증언했다. 집에서 엄마가 이유 없이 짜증을 부려도 되는, 감정적 샌드백 역할을 하는 것처럼. 반대로 아빠에게는 그러지 않는 것처럼. 남자 고등학교의 수학교사였던 도도는 학생들이 자신에게 거는 그런 기대가 고통이었다. "많은 여성 교사들이 느끼는 것 중에 하나가 선생님을 '엄마'처럼 대하는 거 있잖아요. 그러니까 학생들 입장에서 '교사에게 좀 짜증은 내도 되지만 대화는 하고 싶지 않다… (중략)' 자기 이야기를 언어로 표현하는 대신, 계속 불신의 눈초리를 보내면서 '내가 부정적 감정을 드러내도 저 사람은 나를 해하지 않으니까'라고 하는 것이요."

일터에서 여성들에게 주어지는 극심한 감정 노동의 모습은, 10년 경력의 전직 예능 프로그램 작가였던 현제(46·가명)도 증언했다. 그는 앞선 한별의 이야기 가운데 '막내 작가는 딸'이라는 말에 일정 부분 공감했다. "왜 이 말이 공감이 가냐면 진짜 감정 노동을 빡세게 하거든. 팀 분위기가 안 좋아도 막내가 메인 PD, 메인 작가 눈치를 다 보는 식이야. 대부분 아래 연차 작가들은 그것 때문에 노이로제가 걸림." 메인 PD를 보조하는 역할의 조연출은 비슷한 스트레스를 안 받느냐고 물었다. "남자 조연출은 편집실에 있느라 회의실에 안 오기도 해서 상황을 잘 몰라. 그래서 아들 같기도 하네." '바깥일'을 하느라 집안 대소사와는 다소 거리감을 유지하는 전통적인 아들 상을 조연출이, 집에서 잔심부름을 도맡으며 아빠·엄마 눈치 보느라 전전긍긍하는 딸의 역할은 작가가 수행한다는 얘기였다.

애초에 이것은 성별의 문제가 아닌 'PD'와 '작가'라는 직종의 차이 아니냐는 반문이 있을 수 있다. 우리는 이들 직업의 태동에서부터 그 원인을 찾아야 한다. 방송작가유니온 지부장으로 활동했던 한별의 칼럼[19]에서 실마리를 찾을 수 있다. 1990년대 방송 매체가 급격히 증가하면서 방송 제작 업무가 세분화됐고, 방송작가에 대한 수요도 더불어 늘어났다. 방송작가는 사회 진출 욕구가 있던 고학력 '사회주부'에게 맞춤한 직업으로 일컬어졌다. 당시 신문 기사[20]를 보면 "모니터 스크립터, 방송작가, 리포터 등 방송 관련 직종에 여성, 특히 주부들의 관심이 쏠리고 있다"라며 "집안일을 하며 틈틈이 짬을 내 일을 할 수 있는 데다 성취욕구를 충족시킬 수 있고 능력에 따라 수입도 보장되기 때문"이라고 적고 있다. '가사 일을 하며 틈틈이 짬을 내 일하는 자리'로서의 연원, 정규직이자 프로그램 총 책임자인 PD를 서포트하는 일로서의 역사 때문에 방송작가는 여자의 일이 되었고, 거꾸로 여자의 일이기에 처우 개선이 더욱 어려운 일이 된 것이 오늘의 현실이다.

왜 '여초 노동'은 전문성을 인정받지 못하나

여성들의 일에서 '돌봄'이 적극 부각되면, 전문성을 인정받지 못한다. 돌봄은 사회적으로 폄하되는 노동이기 때문이다. 집안에서 돌봄은 으레 엄마나 딸들이 하는 일이었고, 국내총생산GDP에

---

19 김한별, 2019/8/19, "'맹렬우먼, 밤샘하고도 남편 아침은 꼭 챙기죠' [ACT!] 방송작가 노동의 문제는 곧 여성 노동의 문제",《프레시안》.

20 1990/8/13, "모니터 스크립터, 리포터, 방송작가 고학력 주부에 인기",《경향신문》.

도 계상되지 않는 무급의 일이다. 그렇기 때문에 사회화된 돌봄 또한 노동 시장에서 저평가된다. 가사노동자나 아이돌보미 같은 돌봄노동자들이 오랜 세월 근로자성을 획득하지 못한 것이 이와 궤를 같이한다.

우리가 만난 여초 직업인들도 '돌보는 사람'으로 불리며 노동 가치가 평가 절하되는 일을 심심찮게 겪었다. 전문 직업인으로서의 대우를 받지 못하는 것이다. 의사와는 달리, 간호사를 '아가씨'라고 부른다거나 남성 간호사를 기피하는 환자들의 행태 같은 것이 그런 의식을 대변한다.

한국의 대학병원에서 일하다 미국에서 간호사 생활을 이어 가고 있는 소민(가명·34)은 말했다. "(남자 간호사 앞에서 엉덩이를 보이기 싫은) 할머니라도 사실 산부인과 진료가 필요하면 남자 의사라도 볼 거 아니에요. 그렇게 생각하는 것 자체가 (간호사를) 전문직이라기보다는 그냥 서비스직이라고 보시기 때문 아닐까요. 남성이든 여성이든 간에 주사를 잘 놓는 사람이면 되는 거지, 성별은 상관없잖아요. 미국에서는 그렇게 생각하는 거 같아요."

교사들 가운데는 학교급이 낮아 대상 아동들의 연령이 낮아져 돌봄 업무가 많아질수록, 자신들을 하대하는 시선을 더욱 뼈저리게 느낀다. 교육부가 발표한 2023 교육기본통계에 따르면 학교급이 낮아질수록 여성 교원의 비율이 많다. (고등학교 58.1%, 중학교 72.2%, 초등학교 77.0%, 유치원 98.3%)

8년 차 유치원 교사인 다솜(35)은 학부모들이 유치원을 교육기관이 아닌, 아이들을 잠깐 맡기는 '키즈 카페'처럼 여기는 행태에 불쾌감을 느낀다. "교육자로서 스스로 인식하는 유치원 교사랑 사람들이 인식하는 모습 사이의 괴리감이라고 해야 할까요. 학교 때 그래도 유아교육자로서의 철학과 지식을 가지고 교육에 임할 준비가 돼서 졸업했다고 생각하거든요. 그런데 사람들은 유치원 교사를 전문성을 가진 교육자로 여기기보다는 단순하게 아이를 돌보는 사람으로 보는 경우가 꽤 있더라고요."

사회적으로 '돌봄노동자'로 위치 지어진 보육교사의 경우는 교사들 가운데서도 처우가 매우 열악하다. 2022년 전국공공운수사회서비스노동조합 보육지부가 발표한 보육교사 임금 실태조사 결과를 보면 보육교사들의 94.7%가 최저임금 또는 최저임금 미만의 급여를 받는다고 응답했다.[21] 실제 어린이집에서 4년간 보육교사로 일했던 수정(가명·36)도 2009년에 받았던 첫 월급이 100만 원이 채 되지 않았던 것으로 기억한다. 경력이 쌓여 4년 차가 됐을 때도 한 달에 실수령액만 120만 원 남짓이었다. 몸도 제대로 가누지 못하는 영·유아들을 돌보는 와중에 학부모 민원과 어린이집 원장의 요구들을 온몸으로 받아내는 일상과 견줘 턱없이 모자란 금액이었다. "그러니까 '현타(현실을 자각하는 시간)'를 많

---

21 정소희, 2022/4/27, "최저임금 못 벗어나는 민간·가정 어린이집 보육교사", 《매일노동뉴스》.

이 느끼는 거 같아. 하루 종일 진짜 일에 치여서. 거기에 비해 받는 돈은 얼마 안 되고."

수정은 어린이집을 그만둔 후 주민센터에서 계약직으로 행정 보조 일을 했다. 그는 "(그 일이) 보육교사보다 돈을 더 많이 주는 한편으로 일이 훨씬 수월해서, 어린이집으로는 다시 돌아가고 싶지 않다"라고 전했다. 돌봄노동의 경제적 가치에 대해 연구한 경제학자 낸시 폴브레Nancy Folbre의 저작 『돌봄과 연대의 경제학 The Rise and Decline of Patriarchal Systems』에 따르면 미국에서도 주차장 관리인이 어린이집 교사보다 중위 임금이 더 높다는 사실이 오랫동안 관찰됐다.

가족임금을 받아 가족들의 생계를 부양하는 남성 가장의 존재, 여성은 탄력적인 시간 운용이 가능한 일을 하되 가사와 육아에 더 많은 힘을 쏟아야 한다는 전제는 여성에게 더 많은 월급을 주지 않아도 되는 유인으로 작용했다. '남성 방송작가는 왜 드물까'라는 의문에 한별은 말했다. "이건 제 친구한테서 들은 얘긴데, 방송작가 아카데미를 가면 한두 명씩 남자가 있긴 해요. 근데 제 친구의 동기였던 남자 한 명이 방송작가로 일을 하다가 그만두겠다 했대요. '왜 그만두냐' 했더니 자기는 이제 결혼해야 해서 정규직 일자리 찾아야 된다고 그랬다는 거예요." 프리랜서 계약직이 대부분인 방송작가의 일은, 결혼해서 가족임금을 받아야 하는 남성에게는 맞지 않는 직업이라는 거다. 한별은 '남자'라는 이유로 비슷한 연차의 또래 작가에 비해 더 많은 임금을 챙겨 줬다는 사례를 듣기도 했다. 남성을 방송작가로 잡아두기 위해서 나온 고육지책이었는지는 몰라도, 여성들이 듣기엔 분노에 까무러칠 만한 일이다.

클라우디아 골딘 하버드대 교수는 저서 『커리어 그리고 가정』에서 부부가 맞벌이를 하더라도 아이의 아픔과 같이 가정에서 일어난 돌발 상황에 대응하는 '온콜on-call' 상태는 주로 여성의 몫이라고 분석했다. 반면 직장에서는 남편들이 온콜 상태로 대기하면서, 부부가 같은 직종에서 일하더라도 연차가 쌓일수록 급여나 승진에서 누적된 격차가 생긴다고 지적했다.

우리가 설문조사로 만난 현직 여성 교사들은 교사가 가정의 온콜에 대비하기 좋은 직업이라는 사회적 시선을 충분히 인지하고 있었다. '일등 신붓감' 소리를 듣는 이유에 대해 그들은 '일찍 퇴근하고 휴직해서 아이 돌보고 적당한 급여는 받는다는 착각', '시간 많고 만만한 직업' 등의 답변을 내놨다. 이처럼 여성을 전업 직업인이 아닌 부업인으로 보는 시각 등도 여초 직업군의 전문성을 격하시키고 '만만한 직업'으로 대우하는 데 한몫한다.

성적 대상화의 폭력에 노출된 교사·간호사·승무원

지난 2019년 10월 28일의 기사 한 토막. 제목은 '간호사·승무원·교사… 당신의 핼러윈 복장은 무엇인가요'[22]다. 해당 기사에는 "문제는 핼러윈 코스튬이 직업 전문성을 무시하거나 특정 직업 근무자를 성적 대상화까지 하고 있다는 데 있다"라며 "코스튬 대상으로 쉽게 볼 수 있는 직업군은 교사, 간호사, 경찰, 승무원, 수녀 등이 있다"라고 적었다.

대표적인 여초 직업군인 교사와 간호사, 승무원은 모두 남성들의 성적 판타지를 자극하는 코스튬으로 알려진 직업들이기도 하다. 남성이 주 소비 주체이며 여성이 대상화되는 성 상품화 경향에서, 여성들이 많이 종사하는 직업이자 근처에서 흔히 접할 수 있는 이들 직업군은 쉽게 대상화된다.

여성 가수들이나 유튜버 등이 이들 코스튬을 재현한 것을 두고 '특정 직업군에 대한 성적 대상화' 논란은 끊이지 않고 일어났다. 2008년에는 〈U-Go-Girl〉 뮤직비디오에서 가수 이효리가 빨간 입술에 간호사 복장을 하고 주사기를 들고 있는 장면이 나와 간호사 이미지를 훼손했다며 논란에 휩싸였다. 결국 뮤직비디오에서 해당 장면은 삭제됐다.

2020년에도 걸그룹 블랙핑크의 〈Lovesick Girls〉 뮤직비디오에서 똑같은 논란이 재현됐다. 간호사들이 쓰는 헤어 캡과 타이트하고 짧은 치마, 빨간색 하이힐 차림의 블랙핑크 멤버 제니가

---

22 한승곤, 2019/10/38, "간호사·승무원·교사… 당신의 핼러윈 복장은 무엇인가요", 《아시아경제》

등장하자 소셜미디어상에서는 주로 여성들이 주축이 되어 "간호사는 코스튬이 아니다"라는 해시태그가 쏟아졌다. 전국보건의료산업노동조합은 "간호사는 보건의료 노동자이자 전문의료인임에도 해당 직업군에 종사하는 성별에 여성이 많다는 이유만으로 성적 대상화에 노출되고 전문성을 의심받는 비하적 묘사를 겪어야만 했다"라며 그러면서 "블랙핑크의 신곡이 각종 글로벌 차트 상위에 랭크되고 있는 지금, 그 인기와 영향력에 걸맞은 YG엔터테인먼트의 책임 있는 대처를 촉구한다"라고 덧붙였다. 소속사는 '예술로 봐달라'며 호소했지만, 논란이 계속되자 해당 장면을 삭제했다.

개인 유튜브에서도 비슷한 논란은 발생했다. 2011년 11월에는 이른바 '승무원 코스튬'이 문제가 됐다. 한 여성 유튜버가 속옷 차림으로 등장해 대한항공 승무원 유니폼을 연상시키는 의상을 갈아입는 동영상으로 논란이 빚어졌다. 이에 반발해 대한항공과 소속 승무원들은 법원에 동영상 게시 금지 가처분 신청을 냈다. 법원은 해당 동영상을 비공개할 것을 권고하며 화해 권고 결정을 내렸다.

사회적으로 광범위하게 퍼져 있는 성 상품화의 대상인 이들 직업 종사자들은 실제로 일터에서 성희롱·성폭력 피해에 노출돼 있다. 실제 간호사의 14.5%가 성폭력 피해 경험이 있다고 답했다(2019년 보건의료노동자 실태조사). 여타 보건의료 업종 중 피해율이 가장 높았다. 이른바 '야동'이라 불리는 성 착취물에 자주 등장하는 직업인 교사 같은 경우도 전국교직원노동조합 설문 결과 성희롱·성폭력 피해 경험이 있다고 응답한 여성 비율이 41.3%에 달했다.[23] 연령대가 낮아질수록 피해 응답은 높아져 20~30대 여교사의 66%는 성희롱·성폭력 피해 경험이 있다고 응답했다.

문제는 직장 내 성폭력으로부터 여성들을 보호하는 사업주나 공권력의 단호한 조처 등은 볼 수 없다는 사실이다. 시스템 미비를 목격한 피해 여성들은 애초에 문제 제기할 엄두를 내지 않는다. 앞선 전국교직원노동조합 설문에서 성폭력 피해를 경험한 교사 중 59.7%는 특별한 조치를 취하지 않았다고 답했다. 그 이유로는 '문제를 제기해도 해결될 것 같지 않아서(53%, 복수응답)'가 가장 많았다.

"병원 생활이 다른 애들보다는 덜 다이내믹했다"라는 원진(31)도 대학병원 간호사 재직 당시 남성 교수가 '잠깐 비켜보라'며 허리를 감싸는 성추행을 겪었다. 그런 피해를 입었을 때 기대할 수 있는 병원에서의 조치 같은 건 없었다. "그냥 거기서 같이 싸우는" 수밖에. "병원에서는 사실 조용히 넘어가길 바라죠. 괜히 분란 일으키지 말고. 만약에 의사가 가해자고 간호사가 피해자라면, 병원 입장에서 의사는 수입을 불러들이는 사람들이고 간호사

---

23 전국교직원노동조합, 2021, 〈학교 내 페미니즘 백래시와 성희롱·성폭력에 대한 교사 설문조사〉.

는 그냥 계속 병원에서 월급 줘야 하는 사람이니까…" 자본주의의 논리로, 의사보다 대체가 쉬운 간호사의 노동권은 쉽게 배제된다는 얘기였다.

열악한 노동 환경이 나아지지 않는 이유

"간호사들의 전문성을 인정해 주지 않고 의사의 보조 인력으로만 생각하는 것 같아요" (소민)

"방송작가들 하는 일이 방송 제작에 비중이 큰데 거기에 대한 임금을 제대로 쳐주지 않는 등 노동을 제대로 인정해 주지 않는 게 굉장히 큰 문제예요. 그것 때문에 사실 저도 그만두게 됐고요." (한별)

여초 직업군 중에는 '보조', '서포트' 등의 말로 수식되며 직업의 전문성, 근로자성을 인정받지 못하는 경우가 많다. 간호사나 방송작가는 자주 의사나 PD의 보조 인력으로 폄하되고, 유치원·어린이집 교사 등은 취학 전 아이들을 담당한다는 이유로 '돌보미'쯤으로 취급받는다.

기원을 더욱 거슬러 여성들의 근로자성이 가장 쉽게 배제된 여초 직업군은 가사노동자다. 1953년 근로기준법 제11조에서 '가사 사용인'을 적용 대상에서 제외했고, 68년 세월이 흐른 뒤에야 2021년 특별법 형태로 '가사노동자 고용개선법'이 제정돼 국회 문턱을 넘었다. 2022년 6월부터 시행된 이 법은 고용노동부장관이 인증한 업체에서 가사근로자를 직고용하도록 규정하고, 가사서비스 이용 시 근로기준법에 준해 이용계약을 맺도록 해 가사근로자들의 근로자 지위를 보장한다. '우리 집 이모님'이란 이름으로 노동 인권의 사각지대에 존재했던 가사노동자들이 이제서야 근로자성을 인정받게 된 셈이다.

이와 비슷하게 프리랜서 신분으로 직업적 지위가 늘 불안정한 방송작가도 2021년 3월에서야 중앙노동위원회로부터 처음으로 근로기준법상 노동자로 인정을 받았다. MBC 보도국에서 해고된 두 명의 방송작가가 제기한 부당해고 구제신청 재심 사건에서, 두 작가의 근로자성을 인정하지 않았던 초심 판정을 취소하는 판정을 내린 것이다. 중노위는 이들이 프리랜서 위탁 계약을 통해 근무하고 있었지만 실질적으로 MBC의 지시·감독을 받고 있기 때문에 근로기준법상 근로자에 해당한다고 봤다. 그해 7월 서울행정법원도 작가들의 손을 들어줌으로써 법원 판결로도 처음 방송작가의 근로자성을 입증받는 첫 사례가 됐다.

노무를 제공하고도 근로자성을 입증받지 못하는 것, 4대 보험을 받지 못하는 프리랜서로 살아야 하는 것이 겉으로는 화려해 보이는 직업인 방송작가가 처한 현실이다. 우리가 만난 방송작가들은 모두 불안정한 처우를 견디다 못해 방송 현장을 떠났다. "저도 왜 작가들하고는 방송사가 정규직 계약을 하지 않을까 되게 궁금했거든요. 어쨌든 방송 현장에서 실무를 다 담당하는 건

작가들인데 말이에요. 제가 내린 결론은 방송 프로그램에서 가장 주된 역할을 하고 있기 때문에 그냥 비정규직, 프리랜서로 둬야 더 착취하기 쉬우니까… 그냥 그런 판단을 하게 됐어요."(한별)

진국국공립유치원교사노조 위원장으로 활동 중인 다솜은 유치원을 무시하는 학부모들의 시선에 덧붙여 교육 당국도 유치원 교사들의 목소리를 귀담아듣지 않는다고 말한다. "백번 양보해서 그냥 일반 사람들, 학부모님은 잘 모르니까 그럴 수도 있다고 치는데 사실 교육 당국은 그러면 안 된다고 생각을 하거든요. 근데 제가 유치원 현장에서 느낀 게 교육 당국이 자꾸만 유치원을, 교육을 하는 학교급으로 취급하지 않고, 유치원 교사도 약간 무시하는 경향이 있어요. 유치원도 교육기본법에 분명히 학교라고 명시되어 있고 교육부 산하의 교육기관인데도 불구하고 교육 정책을 논의할 때 계속 소외되고 방치되거든요." 다솜은 일례로 교육부 편제상 유아교육이 초·중등 교육과는 달리 외따로 떨어져 있는 것을 들었다. "초·중등 교육은 교육부 각 과마다 장학사들이 배정되어 있는데요. 저희는 교육복지돌봄지원관 아래 '유아교육정책과' 한 군데서만 다뤄요." 다솜은 일부러 교육부 내 다른 부서에도 전화를 걸어 유치원 관련 사정을 알고 있는지, 유기적으로 협력하고 있는지 확인을 하지만 매번 '유아교육정책과'로 연락하라는 답변만 들었다.

한별도 다솜도 '노조하는 여자들'로서 목소리를 내는 데 열심이지만, 여자가 노동조합에 가입해 활동하는 데에는 아직까지도 여러 장애물이 많다. 2021년 기준, 노조하는 여자들은 여성 임금 노동자 중 8%에 불과한 75만 8,889명이다. 반면 남성 조합원은 217만 3,783명(18.5%)로, 여성 조합원 숫자는 남성의 35% 수준에 그치고 있다.[24]

육아와 가사의 무게를 짊어진 여성 노동자들은 노조 활동을 통해 권리 실현을 할 여력 자체가 적다. 또한 일자리 안정성 자체가 확보되지 못해, 노조를 하느라 사업주의 눈 밖에 나는 모험을 감행하기 어렵다. 4년 차 어린이집 교사였던 수정은 노조의 존재 조차 알지 못했다. "아무도 노조 얘길 하는 사람이 없었어. 노조가 있다는 걸 알았다고 해도 (어린이집) 업계가 너무 좁고 원장 말한마디에 다음 날부터 못 나올 수도 있는 건데 그걸 할 엄두는 못 냈을 거 같아." 실제 수정은 어린이집 원아 수가 줄며 하루아침에 권고사직을 당했다.

여성이 많은 직업군이라고 하더라도, 노조 내에서 벌어지는 여성들의 낮은 대표성은 문제로 지적된다. 조합원 수 자체는 여자가 많아도, 노조 간부에는 여성들이 진출하지 못하거나 교섭국처럼 실제 사측과의 교섭을 통해 노동자들의 요구가 관철되는 곳에는 남성들이 많은 것이 현실이다. "성평등 단협안을 만들어 놔

---

24 어고은, 2023/3/9, "노조하는 여자들, 보이지 않는 벽을 부수다", 《매일노동뉴스》.

도 교섭위원은 남성이라 실제 교섭 과정에서 논리가 체화되지 않은 남성 교섭위원이 사측을 설득할 의무나 필요를 느끼지 못하는 경우가 많다"(손지은 전국교직원노동조합 여성부위원장)라고 말하는 이유가 여기에 있다.

3장

경직된 시스템
안에서
부서지고 있는
여자들

1. ————

교사가

———— 교육할 권리,
어떻게 침해되고 있나

현주

소멸되어 가는 교사의 존엄성

"선생님, 집에서 학교 운동장 다 보이거든요? 왜 우리 애 안 챙기셨어요? 선생님 때문에 우리 애가 따돌림당하고 상처받았잖 아요!" 하교 후 텅 빈 교실에 찾아와 분을 못 이기는 고함을 지르 던 보호자는 주말이면 돌변해 내 휴대폰으로 전화해 울음을 터뜨 렸다. "선생님, 우리 애가 얼마나 힘든지는 아세요?"

"선생님, 실물이 나으시네요." 학기 초 상담 기간에 교실에 찾아온 보호자는 나를 칭찬한답시고 이렇게 말했다. 나를 어디서 본 적 있느냐 물었더니 이런 답변이 돌아왔다. "선생님 작년에 6학년 담임 맡으셨었죠. 작년 선생님들 졸업 앨범 사진 돌아다니 는 거 카카오톡으로 받았어요. 좀 엄격하시다고도 소문을 들었는

데, 우리 애가 선생님 별로 무섭지는 않다던데요." 황당한 기분
에 그런 정보는 어디서 얻었느냐고 물었다. 보호자는 해맑게 말
했다. "같은 아파트 다른 학부모한테 들었죠. 그리고 엄마들 톡
방에 선생님들 배정 학년이랑 사진 다 돌았어요."

"서 선생님, 학부모한테 전화해서 당장 사과드려. 죄송하다
고." 내선전화로 관리자가 말했다. "저는 잘못한 게 없는데 왜 사
과해야 해요? 전 못 해요." 학교 규정에 따라 처리한 업무에 앙
심을 품고 교무실에 민원을 넣은 학부모에 대한 관리자의 대처에
억울한 마음뿐이었다. "그래도 많이 화가 나셨잖아. 일단 선생님
이 마음부터 풀어드려."

"우리 애 김치 먹으라고 지도하지 말라고, 교사 교육 똑바로 시켜."

학교로 접수되어 나에게 전달된 익명의 민원

"숙제가 적어요. 많이 공부시켜 주세요." / "학원 가야 하니까 숙제
조금만 내주세요." 같은 해에 들어온 요구

"수업이 정말 재미있어요."(학생) / "수업 방식이 딱딱해서 마음에
안 듦."(학부모) 같은 해 교원평가 서술형 문항에 기록된 내용

이러한 사례들은 모두 내가 현장에서 직접 겪은 것들이다.

연차가 쌓일수록 직업에 대한 효능감이나 자부심이 늘어나면 좋을 것 같은데 이상과 현실은 사뭇 달랐다. '내 인권, 노동권, 자율성은 어디서 찾을 수 있는 거지?'라는 생각이 들 때마다 할 수 있는 것은 가족에게 호소하거나 비슷한 연차의 선생님들과 같은 경험을 공유하며 한숨을 푹푹 쉬는 것밖에 없었다. 어쩌다 실수로 교사가 아닌 사람들에게 "교사가 너무 힘들어"라고 얘기하면 돌아오는 반응은 한결같았다. "뭐가 힘들어? 직장 생활은 더 지옥이야. 교사는 방학 있지, 칼퇴하지, 연금 있지. 마흔 넘은 여자한테 월급 300만 원 주는 데가 어디 있을 것 같아?" "…"

결국 나를 포함한 교사들은 어디에서도 이해받지 못하는 직업의 슬픔을 우리끼리만 이야기하며, 셀프 치유 방법을 개별적으로 찾고 있었다. 그리고 교사라는 직업에 대한 나의 대처는 2022년 사직을 선택하는 것으로 귀결됐다.

2023년 7월 19일 한 교사가 학교에서 스스로 생을 마감했다는 기사[25]가 보도되었다. 기사를 처음 접했을 때 슬프고 가슴이 아팠지만 사실 별로 놀랍지는 않았다. 사건이 충격적이지 않다는 것이 아니다. 언론에 보도되지 않은 교사들의 사망 및 우울증, 중증 질병에 대해 현장에서 자주 목격했기 때문에 '결국 터질 것이 터졌구나'라는 생각이 먼저 든 것이다. 이후 언론에 보도된 고

---

25 이혜인, 2023/7/19, "서울 서초구 초등학교 교실서 1학년 교사 극단적 선택", 《한국경제》.

인에 대한 키워드인 저연차, 1학년 담임, 서초구, 나이스NEIS 담당 등을 보았을 때는 선생님이 어떤 하루를 보냈을지 상세하게 상상이 되었다.

서이초 선생님은 아마도 출근 전부터 긴장한 상태로 출결 관련, 학생 건강 상태 관련 보호자들의 메시지나 전화를 받았을 것이고, 출근해서는 학교에서 가장 훈련이 덜 된 1학년 학생들에게 올바른 생활 습관을 가르치려고 애썼을 것이다. 게다가 선생님의 담당 학급은 과밀학급이었을 것이다. 운이 좋아서 아무도 울거나 싸우거나 이르지 않은 수업 시간을 보냈다 하더라도, 쉬는 시간에는 아이들을 두고 교실을 비우기 걱정되어 화장실 가는 것을 참거나 뛰어갔다 왔을 거다. 점심시간에는 바른 자세로 골고루 먹도록 격려하느라 본인 밥은 몇 숟갈 뜨다가 말았을 수도 있고 하교 후에는 같은 학년 회의에 참석하느라 숨 돌릴 틈이 부족했을 것이다. 하교 후에 언제 올지 모르는 보호자 전화에 긴장해 내선 전화벨 소리에 깜짝 놀랐을 수도 있고, 새로 바뀐 나이스 업무에 대한 교직원들의 질문 때문에 매뉴얼을 찾거나 교육청에 전화하는 일이 잦았을 것이다. 아주 기본적인 업무 수행만 하더라도 시간이 부족함을 느껴 수업 자료 준비나 학생 생활기록 등은 퇴근 시간 이후에 이루어졌을 가능성이 크다. 나도 그랬고, 모든 신규 교사들이 그러한 과정을 거치기 때문이다. 사실 교사에게 더 많은 영향을 끼치는 학부모 갑질이나 관리자의 평소 태도는 예측하기 어렵다. 그 형태나 방식이 너무나 다양하고 광범위하기 때문이다. 결국 서이초 선생님은 자신의 일터에서 스스로 목숨을 끊었다. 여름방학식 3일 전이었다. '그게 나였을 수도 있다.' 서이초 사건을 접하고 자주 떠오른 생각이다. 또한 신규 교사에게 기피 학년과 과중한 업무를 배정하는 학교 분위기를 만드는 데 일조한 선배 교사 1인으로서, 나만 살고자 학교에서 탈출한 것 아닐까 하는 자책감이 차올랐다. 무엇이 어디서부터 잘못되었을까.

교사들의 목소리

서이초 사건 이후 교사 자살 및 교권 침해에 대한 언론 보도가 이어졌다. 그동안 보도되지 않았던 사건을 비롯, 교권 침해에 대한 사회의 관심은 커졌다. 연구에 따르면 1990년대 초반과 비교하여 교권 침해 관련 2023년 언론의 보도는 약 40배 이상 증가하였다고 한다.[26] 서이초 교사 사망 사건 직후 토요일에 열린 2023년 7월 22일 교사들의 첫 자발적 집회를 시작으로 서이초 사망 교사의 49재 날인 9월 4일 '공교육 멈춤의 날'[27]까지 이어지

---

26 하동엽, 2023, 「빅카인즈를 활용한 교권 침해 관련 국내 언론보도 변화 분석」, 교육행정학연구.

27 박고은, 2023/9/1, "초등교사 또 극단 선택⋯'공교육 멈춤의 날' 참여 열기 커질까", 《한겨레》.

는 교사들의 집단행동에 대한 이슈가 불거졌기 때문으로 보인다. 어떠한 단체나 조직의 개입 없이 교사 개인들이 모인 것으로 알려진 집회는 수차례 열렸고, 2023년 9월 2일 7차 집회에는 30만 명(주최 측 추산)의 교사들이 모였다. 교사들은 '진상 규명이 추모다', '교권보호합의안 의결하라', '생활지도권 보장', '아동복지법 개정', '악성 민원인 강경 대응' 등의 피켓을 들었다. 교사들의 집회가 이어지는 와중인 2023년 9월 초에도 학생지도에 어려움을 호소하던 40대 교사, 업무 폭탄에 괴로워하던 군산의 30대 교사, 학부모로부터 고소를 당한 용인의 60대 고등학교 교사 등의 교사 사망 기사가 쏟아졌다.

학부모, 파트너인가 민원인인가

교권의 개념에 대한 정의는 명확하지 않다. 이는 교권의 개념이 법령에서 다루어지지 않고 있기 때문이다. 따라서 1차적으로는 교육활동 보호를 위한 교육권 개념, 2차적으로는 교원의 신분을 가진 상태에서 보호받아야 하는 권리의 사회학적인 개념으로 접근해야 한다고 여겨진다.[28] 교권 침해에 관한 언론보도 연구[29]에 따르면, 전국 일간지 11개와 지역 일간지 28개를 분석한 결과 2016년 1월 1일부터 2023년 8월 20일까지 교권 침해와 유

---

28 조기성, 2019, 「교권의 개념과 보호 방안 연구」, 인하대학교 대학원.
29 하동엽, 같은 책.

의미하게 연관된 단어 1위는 '학부모'였다. 또한 한국교원단체총연합회(교총)이 공개한 '교권 침해 사례 모음집' 교권 침해 피해 사례 71.8%(8,344건)의 주어도 '학부모'[30]였다. 이는 교사들의 집회에서 제기된 '악성 민원인 강경 대응'과도 긴밀히 연결된다.

> "교사라는 직업이 정말 안정적인가 의문이 들었어요. 왜냐하면 현장에서 봤을 때 학부모들의 민원이 학교에서 끝나지 않고 법정으로 가는 걸 많이 봤거든요. 그러니까 '내가 언제든 고소를 당할 수 있다' 이런 마음으로 마지막까지 학교에 있었어요. 언제든 법적으로 걸릴 수도 있다… 그래서 학생들 가르칠 때 눈치를 보게 되는 거죠. '그 말 하지 말았어야 했나' 이런 복기를 하고 있는 것 자체가 어쩌면 정말 위협적이죠."
>
> 전직 초등교사 주영(38)

주영의 문장에서 알 수 있듯 '학부모 민원'으로 인한 교육 활동의 위축은 전현직 교사들 모두에게 공통으로 발견됐다. 6년 차 초등교사인 다비(28)는 신규 교사로 처음 부임하던 날의 기억을 떠올렸다. "첫 발령 때 6학년 담임에 배정됐어요. 그때 같은 학년 선생님들을 뵈러 연구실에 갔는데 '이런 교육 활동도 해볼 수 있

---

30 최은경, 2023/9/29, "학부모, 학교는 편의점처럼 생각하고 자기 책임은 뒷전…정부 차원 대책 지속돼야", 《조선일보》.

어'라는 이야기를 해주시는 것이 아니라, '남아서 애들 공부시키거나 청소시키면 안 돼', '학부모가 문제 삼아 민원을 넣을 수 있어'처럼 안 되는 것들에 대한 이야기를 엄청나게 해주셨어요. 실제로 교사 생활하면서 저 역시도 무리한 요구를 하는 학부모를 많이 만났거든요. 그때마다 '내가 아이들을 지도할 때 순간적으로 내렸던 판단과 선택으로 법적 책임을 물을 수도 있겠구나, 내가 이렇게까지 무거움을 안고 이 직업을 유지해야 하나' 생각하죠."

갑질 문화가 연쇄적으로 일어나는 사회에서 교사는, 특히나 젊은 여성 교사는 더욱 취약한 고리다. "갑질하는 문화 자체가 사회의 시대정신처럼 된 상황 같아요. 교사 직군에 더욱 크게 작용하는 것은 자식을 맡겨놓은 입장이라 더 그런 거겠죠. 갑질 문화가 만연한 와중에 학교에서는 젊은 여교사한테 더 심하게 하는 경향이 있다고 봐요. 아동학대 신고가 심각한 문제가 된 것도 '그걸로 이 사람 괴롭힐 수 있구나', 더 나아가서는 '내가 이 사람 고소만 해도, 혐의 없음이 되더라도 일단 고소하면 이 사람 직위 해제구나', 학습이 되어버린 거죠." 가넷은 중등교사인 본인의 경험뿐 아니라 모든 학교급 교사에게서 발견할 수 있는 어려움을 열악한 학교 시스템 탓으로 지적했다. "앞으로도 계속 이런 민원이나 비상식적 요구는 있을 건데, 교사를 보호하는 시스템이 없다는 것이 가장 심각한 문제죠. 선생님 만나러 교무실로 찾아올 수 있는 거, 선생님 개인 전화로 바로 전화할 수 있는 거, 그렇게 하는 데가 이 세상에 어딨어요? 다른 직군이면 민원실을 거치는 등 최소한의 보호가 있잖아요. 교무실에 쳐들어와서 행패 부리는 거, 업무방해로 경찰이 연행해야 하는 일 아니에요? 학교는 학부모라고 하면 아무나 들어와요. 막말로 학교에 들어가서 자도 모를 거예요. 외부인 출입 금지인데 그 외부인에 학부모는 포함이 안 되거든요. 좀 극단적으로 말하면 내가 언제 칼 맞아 죽어도 이상하지 않아요. 대전에서도 교사 상대 칼부림 있었잖아요. 교사에게는 최소한의 물리적 보호가 없어요."

나를 포함한 전현직 교사들이 공통으로 지적하고 있는 점은 학부모들의 비정상적 요구나 민원, 소송, 갑질 등이 점차 증가하고 있는 현실에 비해 교사들의 교육활동이나 노동권을 물리적, 법적으로 보호할 장치가 없다는 것이었다. 이 때문일까? 2023년 교사노동조합연맹(교사노조)의 설문조사에 의하면 교사 10명 중 8~9명이 최근 1년 사이 이직이나 사직을 고민했으며 4명 중 1명은 교권 침해와 관련해 정신과 치료나 상담을 받은 적 있는 것으로 나타났다.[31] 교권 침해 보험에 가입한 교사들도 늘고 있었는데, 민간 손해보험에 가입한 교사들이 5년 새 5배 이상 급

---

31 김지예, 2023/5/10, "'교권 침해' '정신과 치료'…교사 하기 힘들다는 교사들", 《서울신문》.

증했다.[32] 또한 2016~2021년 재직 중 사망한 교사 중 11%는 자살로 생을 마감했는데 이는 한국인 자살 비율(4.2%)보다 2배 이상 높다. 특히 20대와 30대 교사가 전체 자살자의 38%를 차지했다.[33]

교권 침해 가해자로 학부모가 1위라고 해서 문제의 원인을 학부모에게서만 찾고 그 책임을 묻는 것은 적절하지 않다. 자칫 학부모를 잘 달래지 못한 교사의 자질 부족이나 학부모 개인의 인성 문제에 매몰되거나, 교사 대 학부모의 대립 구도를 강화하여 갈등만 심화시킬 수 있기 때문이다. 학교, 교사, 학부모, 관리자는 미래를 꾸려나갈 인재들을 함께 길러내기 위해 상생하는 관계여야 함에 동의하지 않는 이는 아무도 없을 것이다. 그렇다면 교사가 병들어 가고 노동 현장에서 생을 마감하는 현실을 어떻게 바라봐야 할까.

교육 소비자주의에 침식된 교사들의 일상

교권 침해에 대한 원인을 구조적으로 바라보기 위해 노동조합 조합원들의 이야기에 귀 기울였다. 현직 교사이자 노동조합 조합원인 당사자들은 교권 침해 현실을 어떻게 바라보고 있을까? 13년 차 초등교사이자 서울교사노동조합 대변인으로 활동

---

32 한예나, 2023/9/12, "교권 침해 보험 가입 교사, 5년새 5배 이상 늘었다", 《조선일보》.
33 최예나, 2023/7/22, "최근 6년간 교사 사망 11%가 '극단 선택'", 《동아일보》.

중인 혜영(36)은 교권 추락이 심화된 것을 IMF 금융 위기를 기점으로 봤다. "IMF 때 사람들이 일자리를 잃고 신자유주의 광풍이 일었잖아요. 당시 사회에서 보기에는 교사라는 집단 자체가 유연하지 못하고, 한마디로 발전도 없는 철밥통 같은 거죠. 교직이라는 직종은 전문성을 유지해야 하는데, 체벌을 받았던 기억, 더불어 노력하지 않아도 직종을 유지할 수 있는 장점이 부각되지 않았나··· 그런 면에서 교사에 대한 불신이 시작된 것 아닐까 해요." 혜영의 관점은 IMF 이후 교사를 선택한 K-도터들의 삶과도 깊이 연결되어 있다. 모든 일자리가 불안정했기 때문에 상대적으로 안정적인 교육 공무원이 선호되었고 동시에 질시의 대상이 된 것이다.

교직 경력 26년 차 초등교사 진희(53)는 1999년 첫 발령부터 전국교직원노동조합 조합원이었다. 현재는 전국교직원노동조합 서울지부 여성위원회(여성위) 활동도 병행하고 있다. "사실 교사 노동권과 교육권이 100% 온전하게 지켜진 때가 있을까 의문이기는 해요. 제가 발령받았을 때는 관리자 갑질이나 권위주의가 심각했거든요. 그것과 별개로 학부모들의 요구가 언제부터 커졌을까를 생각해 보면 5·31 교육개혁안 때부터인 것 같아요." 진희가 말한 5·31 교육개혁안은 1995년 김영삼 정부의 교육개혁 정책이었다. 대통령 자문기구인 교육개혁위원회를 두고 '수요자 중심의 교육'을 추구한다는 것이 골자였다. 5·31 교육개혁안은 현재 입시제도를 비롯하여 20년간 한국의 교육에 많은 영향을 끼치고 있는 정책으로 평가받고 있다.

진희는 고경력 교사로서 그동안 교육계에 있었던 다양한 변화에 대해 심도 있게 진단했다. "5·31 교육개혁안에서부터 학부모를 '소비자' 내지는 '수요자', 학교나 교사를 '공급자' 이렇게 바라보는 프레임이 만들어졌어요. 또 민원이 급증하는 것을 체감한 것은 '전자정보 시스템' 도입 이후라고 보죠. 전자결재 시스템이 완성되면서 누구라도 청와대나 교육청, 교육감에 민원을 올릴 수 있고, 그런 전자정보 시스템은 어떻게 조치를 취했는지 며칠 이내에 대답하게 돼 있잖아요. 시스템이 생긴 데다가 학부모나 학생들이 권리 의식이 향상되면서 나의 자녀만은 좀 더 잘 봐달라 이런 민원이 급증하지 않았나 해요." 진희의 답변에 공감할 수밖에 없는 것이 내가 초임 교사로 근무할 때는 스마트폰이 없었기 때문에 교사 개인 번호를 공개한다고 해도 학부모들이 할 수 있는 것은 전화 혹은 단문 메시지뿐이었다. 하지만 2010년대 이후 스마트폰 보급이 활성화되면서 학생, 학부모에게 전화, 문자는 물론 SNS, 사진, 동영상, 각종 소통 가능한 앱 등 다양한 방식을 통해 교사에게 자신의 의사를 전달할 수 있는 통로들이 생긴 것이다.

"모든 민원이 다 다이렉트로 선생님한테 가요. 예를 들면 어떤 학생 아버지가 학생 생활 수칙을 가지고 저한테 매일 아침마다 전화했어요. 담임이 학생들 관리를 하고 규칙에 따라 벌점을 주잖아요. '우리 애가 너무 정신적으로 스트레스를 받아서 아프니까 벌점에서 제외해 달라' 그러면서 자기랑 자기 자식이 받은 피해에 대해서 돈으로 물어내래요." 전직 영어교사 가넷(31)

가넷의 경험에서도 알 수 있듯 대부분의 교사들은 실시간 대응 가능한 연락 시스템을 곁에 두고 있다. 교사들은 개인 번호를 공개하면서 교육활동에 휴대폰을 사용하지만 놀랍게도 통신비 지원은 일절 되지 않는다. 대신 다양한 관심과 메시지가 도착하고는 한다. 중등교사 혜화(46·가명)는 경험을 담담하게 얘기했다. "중학교 같은 경우는 초등처럼 교실에 전화기가 있는 것이 아니라서 대부분 선생님들이 자기 전화번호를 공개해요. 반 애들이 '선생님 카톡 프로필에 아들 사진이 있던데 무슨 초등학교예요?' 묻기도 하고요." 혜화는 사생활에 대한 무례한 질문 말고도 번호를 공개함으로서 오는 실체적 두려움에 대해서도 이야기했다. "제가 우리 반에서 문제를 일으킨 학생에 대해 교권보호위원회를 열려고 생각 중이에요. 교권보호위원회 여는 것이 어찌 보면 우리 반 학생의 잘못을 제가 신고하는 것과 다름없잖아요. 지금까지 참고 계속 바뀌길 바라면서 지도를 해왔는데 아무리 해도 안 되었어요. 문제는 해당 학생 학부모도 내 전화번호를 알고 있잖아요. 앞으로 계속 또 이 학부모의 전화에 시달릴까 봐 그것도 무섭기도 하고요. 제 전화번호가 만천하에 다 공개된 상황이라 늘 신경이 많이 쓰이고 걱정이죠."

가넷과 혜화의 경험은 진희의 언어로 정돈할 수 있었다. "학부모님들의 사회적 특성이 아닌가 해요. 평점 시스템 같은 거 있잖아요. 식당을 평가한다든지, 어떤 서비스를 평가하는 온라인 시스템에 길들여진 거죠. 그런 시스템에 익숙한 학부모들은 학교 역시 공공 서비스로 평가하는 거죠. '왜 이렇게 서비스가 안 좋아?', '왜 빨리빨리 해결을 안 해줘?' 등이요. 결국 전통적으로도 교사가 안전하게 또 보람 있게 가르칠 권리라는 게 100% 실현된 적은 없었지만, 지금은 인터넷의 발달로 인해서 공공 서비스가 실시간으로 접촉되기 때문에, 오히려 더 촘촘하게 교사의 삶을 옥죄고 있는 건 아닌가 해요."

교사에 대한 사회적 시선과 하락하는 직업적 매력

안정적인 직업, 여자 하기 좋은 직업의 대표 주자인 교사의 직업적 인기가 쪼그라들고 있다. 실제로 2022년 조사에 따르면 전국 교대 13곳에서 496명이 자퇴를 선택했다. 4년 전인 2018년보다 3.2배로 늘어난 수치다.[34] 교원 감축 기조 속에 임용 불안

---

34 이혜인, 2023/9/1, ""초등교사의 꿈 사라졌다"…작년 교대생 500명 자퇴", 《한국경제》.

이 커진 데다 교권 침해로 인해 교사의 직업 만족도가 낮아졌기 때문이라는 분석이다. 그뿐만 아니라 2023학년도 대입에서 전국의 교대 정시·수시 합격선은 최근 4년 사이 가장 낮았다.[35] 이것은 2023년 서이초 사건이 보도되기 전에 집계된 수치로 2024학년도에는 더욱 심화된 결과가 나타날 것으로 예상한다. 서울교사노동조합 대변인 혜영은 이에 대해 덧붙였다. "대학이 학문의 전당으로서의 가치는 이미 잃은 지 오래고, 일종의 직업훈련소 같은 역할을 하고 있잖아요. 그래서 입결이 하락한다는 거는 그 대학을 나왔을 때 가질 수 있는 직업의 매력이 떨어진다는 것을 의미한다고 봐요. 이 사회가 교사가 더 이상 매력적인 직군이 아니라는 것을 인식했다고 생각해요." 진희 역시 연장선상에 있는 견해를 피력했다. "교사들이 10차가 넘게 집회를 하면서 노동 현장의 목소리를 사회에 들려줬잖아요. 이런 걸 봤을 때 교사가 안전하고 괜찮은 직업이 아니라는 사회적 인식이 생긴 것 같아요. 그동안의 통념과는 다르다는 것을 알게 된거죠."

담임교사가 "학부모의 괴롭힘 때문에 불면증에 시달리고 있고 교사 생활을 계속하는 데 지장이 있다"라며 소송으로 맞대응.

교사가 직장을 그만두는 큰 이유 가운데 하나가 문제 학부모와 상

35 김하연, 2023/8/1, "2023년 서이초 사건 이후 계속되는 교권 침해 관련 언론보도 때문일까", 《베리타스알파》.

대해야 하는 괴로움 때문인 것으로 나왔다.[36]

이는 우리나라의 기사가 아니라 2011년에 보도된 해외 사례들이다. 일본은 이미 2006년 도쿄의 한 초등학교 저경력 교사가 학부모 민원과 업무 과중에 시달리다가 자살한 사건이 있었다. 같은 해 말 도쿄에서 또 다른 여성 교사가 비슷한 이유로 목숨을 끊었으며, 이후 일본에서는 '교권 붕괴'에 대한 사회적 논의가 시작되었고 교사가 기피 직종으로 바뀌게 되었다는 분석이 제기됐다.[37] 실제로 일본은 교사 임용 경쟁률이 갈수록 떨어지고 있으며, 일부 지자체에서는 교원 면허가 없는 사회인도 교원 채용 시험을 볼 수 있도록 하는 등 심각한 상황이다.

해외 선진국의 사례도 그러하니 우리도 자연스레 그러한 순서를 밟겠거니 두고만 볼 수는 없다. 그렇다면 이러한 위기를 타파하기 위해 정부는 어떤 노력을 하고 있을까. 2023년 9월 교육부는 교권 회복 방안 중 하나로 '교원의 학생생활지도 고시'를 시행했다. 수업방해 학생을 교실에서 분리 조치할 수 있도록 하는 내용인데, 이에 따라 일선 학교는 2023년 말까지 학칙을 개정해야 한다. 이와 관련하여 '교사들의 집회 이후 학교 현장이 달라진

36 유재동, 2011/1/19, ""교사는 괴로워"… 美-日도 교권 침해 논란",《동아일보》.

37 이영희, 2023/7/26, ""괴물 학부모 탓" 17년 전 '서이초' 겪은 日, 교사가 사라졌다",《중앙일보》.

것을 피부로 느끼느냐'는 질문에 대해 혜영은 울분을 터뜨렸다. "참 변한 게 하나도 없어요. '교원의 학생생활지도 고시' 이거에 따라서 학칙을 개정해야 하잖아요. 교육부는 편하게 문서로만 이걸 만들라고 한 거예요. 문제는 거기에 따른 예산이 하나도 없어요. 예산이 없기 때문에 학교 내부에서 또 폭탄 돌리기를 해야 하는 거죠. '교실에서 급히 분리가 필요한 학생을 누구한테 보낼 것이냐' 하는 논쟁이 또 우리끼리의 싸움이 되는 거예요."

실제로 2023년 10월 교총이 실시한 설문조사 결과 55.3%는 학생생활지도 고시 시행과 교권 4법[38] 통과에도 학교 현장에 변화가 없다고 응답했다.[39] "교육부에서는 민원 대응팀을 학교 안에서 만든다 말도 안 되는 소리를 하고 있는데, 업무 부담이 하나 더 추가되는 거고 100%의 확률로 기피 업무가 되겠죠." 9·2 집회 전 만났던 가넷의 자조적 예상이 적중하는 현실이었다. 혜영과 가넷의 발언으로 미루어 보아 학교 현장에서 교사에게 직접적 타격을 가하는 것은 확률적으로 학부모가 가장 높다 하더라도, 결국에 그로 인한 피해를 돌보기는커녕 엉뚱한 대책을 내놓아 교사들에게 2차 가해를 하는 것은 교육청과 교육부 등 상급 기관이

---

38 교사의 정당한 생활지도는 아동학대로 보지 않는다는 내용을 핵심으로 한, 교원지위법, 초·중등교육법, 유아교육법, 교육기본법 등 4개 법률 개정안.

39 정유정, 2023/11/12 "[르포] 교권 추락 '논란' 그 후…교사들 "아동학대법 개정 없이는 실효 못 느껴"",《이투데이》.

다. 실제로 나 역시 현장에 있을 때, 어떤 사건이 터질 경우 조직이 나를 지켜주지 않을 것이라는 불신이 굉장히 컸다.

교육의 숭고함이라는 그림자 아래 시들어 가는 여성 교사

교사가 행복해야 학생들도 학교도 행복해진다. 이 단순한 명제를 흔들리지 않게 지키는 것이 우리 사회에서는 그렇게 어려운 일인가? 교사의 행복과 학생의 행복은 제로섬 관계가 아닌데도 교사가 안전하고 즐겁게 학생들을 가르치고, 직업인으로서 정당한 대우를 받는 것을 많은 사람이 원하지 않는 것 같다.

어쩌면 교사들은 여자치고는 좋은 직업, 극심한 경쟁 사회에서 안전하게 호봉을 올려 받는 직업, 각종 휴가를 보장받는 공무원이라는 직업적 장점을 볼모로 '어디까지 버티나' 쥐고 흔드는 시험대에 올려진 것 아닐까. 가넷은 여자 하기 좋은 직업이라는 통념에 대해 모욕적이라는 답변을 했다. "그 말 자체만 놓고 봤을 때는 맞죠. 여성들의 노동 환경이 워낙 안 좋으니까요. 여자하기 좋은 직업이라는 말에 내포된 게 사회 현실을 반영해서 너무 슬픈 동시에 결혼 시장, 임신, 출산, 육아 이슈와 연결 지으면 진짜 모욕적이라고 생각해요."

동시에 가넷은 나이가 어린 여교사로서 겪었던 어려움에 대해서도 비판적으로 접근했다. "교권 침해나 아동학대 신고 피해자가 전부 젊은 여자는 아니겠지만 상당수 젊은 여자거든요.

2023년 3월 7일 방송된 〈PD수첩〉 '나는 어떻게 아동학대 교사가 되었나' 중 많은 피해자분이 젊은 여자 선생님이에요. 교사가 여초 직군인 것도 있지만, 제가 현장에 7년 있었던 사람으로서 느끼는 건 학부모님들이 젊은 여자를 대할 때 만만하게 본다는 거예요." 가넷은 교권 이슈를 넘어서 여성 교사의 고통을 젠더적 관점으로 바라보는 데에 동의했다. "이 사회 전체가 그렇잖아요. 예를 들어서 운전을 하다가 시비가 붙었어요. 젊은 여자가 운전할 때랑 덩치 좋은 중년 남자가 내렸을 때랑 반응이 다르죠. 모든 사회의 다양한 분야에서 그런 일이 벌어지고 있는 건데 교직이라고 그걸 피해 갈 수는 없는 거죠. 그리고 제가 겪은 일만 봐도 제가 젊은 여자가 아니었으면 겪지 않았을 일이거든요."

가넷은 세종시 교원평가 성희롱 사건의 피해자 중 한 명이다. "학생과 교사의 위계보다 나는 여자이고 걔네가 남자라서 저를 성적인 대상으로 생각하고, 심지어 분별없이 말한 것은 젠더 위계가 더 크게 더 우위에서 작동한 거죠."

가넷은 교사들이 황당하게 생각하는 학부모 민원 중 하나인 '애 아빠가 화가 많이 났어요'를 실제로 들어보기도 했다. "'남자애들은 다 그래'라거나 '우리 애 아빠가 화가 많이 났어요'라고 해요. 어쩌라는 거죠? 저한테 물리적인 위력을 행사하겠다는 건가요? 중년 남성 교사에게는 그런 말을 안 하겠죠. 진짜로 맞짱을 뜰 수도 있으니. 하지만 저에게 그런 얘기를 한다는 것은 성별 위계를 이용해서 저를 겁주려는 거잖아요. 제가 젊은 여자니까."

우리는 교권 침해 이슈에 대해 떠올리면서 단순히 '교사'의 문제에만 국한할 수는 없었다. 우리나라 교사 중 여성 교사의 비율은 유치원 98.3%, 초등학교 77%, 중학교 72.2%, 고등학교 58.1%[40]로 한쪽 성별로 쏠림 현상이 명확했기 때문이다. 교권의 문제를 거시적 관점으로 바라본 다음, 여성의 문제와 함께 집중하는 것이 자연스러운 흐름이었다.

"학교 관리자 중 남성 비율이 많은 것이 문제인 것 같아요." 혜영은 관리자 성별 비율을 지적했다. "학교 관리자에서부터 교육청이나 교육부 소속까지를 관리자의 범위로 봤을 때, 그 사람들이 정책을 만들고 하향식으로 내려오는데 학교는 여초잖아요. 그렇다 보니 정책적으로 여성 선생님들이 겪는 어려움이나 이런 게 반영이 안 되고 있는 거죠." 진희는 성역할고정관념 측면에서 교사의 지위 하락을 설명했다. "중등교육보다 초등교육을 좀 더 아래로 보는 그런 사회적 시각이 있다고 생각하거든요. 아이들이 어리고 더 돌봐주는 걸 많이 한다고 생각하니까 여성들한테 더 맞다고 생각하는 것 같아요." 그러면서도 진희는 관리자와 시스템 문제에 방점을 찍었다. "유치원이나 어린이집도 너무 과도한 노동을 하고 있다고 생각해요. 매일 일지를 쓴다든지 활동 사진

---

40 교육부, 2023, 2023년 교육기본통계.

을 보낸다든지요. 학교에서도 교사에게 과도한 친절을 요구하는데 친절하게 하자면 한도 끝도 없거든요. 그래서 학교운영위원회나 학부모회 등 공식적인 기구에서 학교 민주주의가 제대로 작동해서 의사결정이 이루어져야 한다고 보는 거죠."

최소한의 안전장치 마련을 위한 방향은?

현직 사회교사 혜화는 교권 회복 방안에 대한 질문에 사교육 키워드를 언급했다. "현장이 하루하루 바쁘니까 동료 교사들과 깊은 얘기를 할 짬은 없었어요. 하지만 우리 학교 경우에 비춰보면, 학부모들이 사교육 중심으로 사고해서 학교 교육과정 때문에 학원 빠지는 것을 되게 못 참아 해요. 공교육을 잘하려고 사교육을 하는 건데, 공교육이 저렴하고 평가 체계에 힘이 없어서 그런 걸까요? 시험 문제 가지고도 민원이 엄청나요. 예를 들면 국어 시험 가지고 학부모가 '내가 교수인데 국립국어원에다가 문의했으니, 이 답변도 맞게 해줘야 된다'라면서 국민신문고에 신고도 하고요. 아이들이 입시 위주 교육에 매몰되어 있다 보니까 이런 현상들도 따라오는 거죠. 결국에 대학입시 이것이 근본적인 문제 같아요. 그리고 중요한 것은 교사가 학교에서 정당한 지도를 할 수 있도록 아동학대법에서 교원을 제외해 달라는 요구가 처리되어야 해요." 혜화의 말에서 엿볼 수 있듯이 교사노동조합연맹도 '정상적인 교육활동을 위해 해결할 과제로 교사들은 무고성 아동학대 신고 처벌 등 교육활동 침해 방지 대책 수립을 1순위로 꼽았다'라고 밝혔다.

2023년 12월, 교원의 정당한 교육활동은 아동학대로 보지 않도록 하는 아동학대처벌법 개정안이 국회 본회의를 통과했다는 소식이 전해졌다. 아동학대처벌법이 제정된 지 10년 만에 교사를 공격하는 수단으로 악용되지 못하게 하는 근거가 마련된 것이다. 그동안 무고하게 고소·고발당하고 개인적인 대응을 하느라 고통을 받았던 교사들을 생각하면 늦었다는 감이 있지만, 이제라도 교원의 정당한 교육 활동이 보호되기를 바란다.

서울교사노동조합 대변인 혜영은 승진제도 문제와 교사의 책무 가이드 라인의 중요성에 대해 언급했다. "미시적으로 들어가면 교사가 무슨 일을 해야 하는 사람인가에 대한 큰 틀에서의 논의가 부족해요. 그렇기 때문에 자꾸 학교 내에 있는 교사 아닌 사람들하고의 갈등도 일어나는 거예요. 쓸데없고 소모적인 갈등이 일어난다고 생각하는데, 이것은 승진제도와도 연관이 있어요. 잘 가르치는 선생님보다 행정 업무에 시간을 많이 투자한 사람이 관리자로 올라가는 기형적인 구조, 이걸 바꾸지 않는 이상 관리자도 언제나 교사 편이 될 수 없어요. 즉, 교육활동 침해에 대해서도 적극적으로 나설 수가 없는 거죠. 따라서 교사 승진제도가 개선되지 않는 한 이런 문제는 계속될 거라고 생각해요." 혜영의 말처럼 학교는 공공기관으로서 예산을 처리하고 공문을 작성하는 데 큰 에너지를 쓰고 있다. 그와 더불어 새로운 사업에 대한 고시나 업무가 내려왔을 경우 이것을 가지고 교사가 아닌 사람들과 '누가 담당인가'를 따지는 경우가 비일비재하다. 이때, 학교에서 교사가 아닌 사람들은 교육행정직과 교육공무직 등이다. 그렇다 보니 교사는 기본적으로 공무원들이 해야 하는 공무를 맡고 있음과 동시에 수업도 하면서 학생 생활지도 및 학부모 응대까지 하는 과도한 업무에 시달리며 번아웃에 빠지기 쉬운 것이다.

전국교직원노동조합 서울지부 여성위 소속 진희는 관리자의 책무와 교사 효능감 회복에 집중했다. "교사들 개인도 교사는 무엇을 하는 사람인가 정립할 필요도 있지만, 노조차원에서도 공론화하는 역할이 중요하다고 보거든요. 코로나 이후로 아쉬운 것이 교사들이 서로 네트워크를 형성할 기회나 사회적 분위기가 많이 부족하다는 거예요. 그럴수록 학교의 리더들이 중요하다고 생각합니다. 교원 노조에서 그런 리더를 좀 길러야 하지 않을까? 학교 문화를 올바르게 하기 위해서요. 비단 전국교직원노동조합뿐 아니라 모든 교사 노동조합들에서 내부적으로 교사를 치료해 주고 임파워링 해주는 리더를 길렀으면 해요. 밖으로 정부와 싸우고 교육청에 정책 제안을 하고 그런 것들은 기본이고요."

진희는 노조차원에서의 해결책뿐 아니라 교권과 관련해서 사회적 흐름까지 확장해 연결 지어야 한다고 말했다. "교사에게 교육 외적인 것을 서비스하라는 요구들이 많아지는 동시에 학생들은 입시 경쟁에 초등학교 때부터 시달리잖아요. 또 20대와 30대 청년 세대의 삶은 불안하고 불투명하죠. 그런 모든 것들이 연결돼 있다고 생각하거든요." 혜영도 비슷한 시각을 전달했다. "교사의 교육에 대해서도 권위가 없고, 학원 중의 하나처럼 여겨지기 때문에 교권 침해도 빈번한 것 같은데 이것은 한 가지 문제만이 아니거든요."

우리는 교권 침해에 대해 파고들면서 이것은 단순히 한 직업군만의 문제가 아니라는 결론에 다다르게 되었다. 교육을 소비자주의로 바라보는 시각, 신자유주의 자본주의에 입각한 물질 만능주의, 초등 의대반으로 표상되는 엘리트주의, 여성에 대한 차별 및 성 역할 고정관념, 공동체적 의식 대신 팽배하는 이기주의까지. 일본의 '몬스터 페어런트Monster Parent' 문제를 최초로 진단하고 교권 침해 방지를 위해 힘쓰는 오노다 마사토시 오사카대 명예교수는 한국의 교권 침해에 대해 이렇게 의견을 내놨다.

"안타깝지만 이 문제를 한 방에 해결할 특효약은 없다. 먼저 한국 교육학자, 사회학자들이 이번 사건을 지금 이 시대의 '보편적인 현상'으로 인식하고 연구해야 한다. 왜 한국의 학부모들이 교사에 과도한 요구를 반복하는지, 일부는 왜 수사기관에 신고까지 반복하는지 그 원인을 찾아야 한다. 학부모 개인의 인격 문제일 수도 있지만, 한국 사회·문화가 영향을 미쳤을 수도 있다. 이걸 찾고 개선해야 한다. 사실 교육계에선 학생의 문제만 늘 전문적으로 연구한다. 따돌림, 등교거부, 학교폭력 등은 큰 문제로 인식하고 깊이 연구하려 하지만, 교사의 스트레스 등은 교사 개인의 문제로 여기고 넘어가기 일쑤다. 정부가 책임지고 대응한다는 의지도 중요하다. 교사가 해결할 수 없는 학부모의 요구는 교장·교감이 대신 맡도록 정부가 분명히 정리를 해줘야 한다. 교장·교감 등 단위 학교가 대응하기 어렵다면, 지역 교육지원청과 교육청이 나서줘야 한다. 교사 개인에게 책임을 돌리고 무시하는 일이 벌어지지 않도록, 정부가 중간에서 지속적인 역할을 해야 한다. 또 일본보다 교사를 대상으로 한 고소 사건이 많은 한국의 특성을 고려해, '학교 변호사' 등 법률 자문 지원 제도가 안착될 수 있도록 꾸준히 예산을 확보하고 지원해야 한다."[41]

---

41 최은경, 2023/9/29, "학부모, 학교는 편의점처럼 생각하고 자기 책임은 뒷전…정부 차원 대책 지속돼야", 《조선일보》.

2. ————

간호법과
———————— 유보통합

슬기

간호법을 쳐다보는 시선들

2023년 5월 16일, 윤석열 대통령은 간호법 제정안에 재의요
구권(거부권)을 행사했다. 간호법은 간호사의 역할과 업무 등에
대한 규정을 기존의 의료법에서 분리하고, 간호사의 처우를 개선
하는 내용이 담긴 법안이다. 같은 해 4월 27일 국회 본회의에서
야당 단독으로 통과됐으나 대통령의 거부권 행사로 다시 국회로
돌아갔다. 결국 간호법은 5월 30일 국회 본회의 재투표에서도 최
종 부결돼 자동 폐기됐다.

일련의 간호법 제정안 폐기 사태를 지켜본 전현직 간호사들
은 "여야 정치적 다툼에 우리가 얽혀 들어가지 않았나"(태리·31·
가명), "실제 취지와 달리 의사 영역을 간호사가 침범한다는 인식

144 직업을 때려치운 여자들

이 작용한 것 같다. 실제 업무 범위는 각자 독자적인 영역임에도 불구하고 사람들은 (간호사가) 의사 밑에 있어야 하는 직업이라고 생각하기 때문"(은지) 등의 분석을 내놨다. 다들 큰 기대는 하지 않은 한편으로, 간호 직역의 처우 개선을 위한 법 통과가 이토록 어려운 현실에 좌절하기도 했다. OECD 평균을 훨씬 웃도는 간호사 1인당 병상 수, 살인적인 3교대 근무, 병원의 필요에 따라 사실상 의사의 업무를 대신하고 있지만 법적 근거가 없어 불법으로 내몰린 PA(진료지원인력) 간호사 등 간호사들이 직면한 현실들을 타개할 물꼬로서 간호법 제정안 통과를 기대했지만, 그마저 수포로 돌아간 것에 대한 자조 섞인 목소리가 대부분이었다.

'업계 톱' 병원에서 1년도 버티지 못한 이유

이현(31·가명)은 2017년 '업계 톱'이라 일컬어지는 서울 '빅5' 병원[42]에서 간호사로 첫 사회생활을 시작했다. 그러나 채 1년을 견디지 못하고 퇴사했다. 통장에 찍히는 금액 기준으로 평균 월급 300만 원 초반의, 사회 초년생치고 적지 않은 월급을 받았지만 "나하곤 맞지 않는 일이었다"라고 이현은 말했다.

이현을 가장 힘들게 했던 것은 '환자의 중증도'였다. 그가 있었던 신경과 병동은 뇌졸중 집중치료실을 포괄하고 있었다. "아

---

42 서울에서 가장 규모가 큰 서울대·서울아산·세브란스·삼성서울·서울성모병원을 일컫는다.

무래도 병원이 크다 보니까 전국에서 해결 안 되는 분들이 모이잖아요. 학생 때 (실습 나가면) 기껏해야 혈압 재고 혈당 재고 환자분들 정서적으로 지지해 드리는 것들을 하다가 갑자기 병원에 투입돼서는 정말 중증도 높은 환자를 '케어'하려다 보니까 감당이 잘 안됐어요."

그가 퇴사를 결심하게 된 계기도 '내가 환자를 잘 돌보지 못해 환자의 상태가 더 나빠졌다'는 자괴감에서 비롯됐다. "뇌졸중 환자를 케어할 때는 아무래도 환자의 상태가 갑자기 나빠지는, 미묘한 차이를 빨리 발견하는 게 중요한데요. 경험이 없다 보니까 그런 걸 캐치를 못 했어요. 제가 환자를 보고 다음번 선생님한테 인계를 해드렸는데… 그분은 경력이 좀 있으신 분이었거든요. 갑자기 뛰어오셔서 '이 사람 원래 이랬냐' 이러시는 거예요. 그래서 '잘 모르겠다'고 그랬더니 이 환자가 원래는 팔이 어느 높이까지 올라갔는데 지금은 잘 안 올라간대요. 그걸 제가 캐치를 못 해서 환자 상태가 좀 안 좋아졌었어요." 학창 시절에 아르바이트 한번 해보지 않았던 이현에게는 더욱더, '내가 실수하면 환자가 정말 안 좋아질 수 있겠구나'라는 자각이 엄청난 충격이었다. 막중한 책임감과 환자에 대한 미안함 때문에 몇 날 며칠 뜬 눈으로 밤을 지새우는 나날이 계속됐다. 지금은 임상 간호사가 아닌 간호직 공무원으로 일하는 이현은 "일반 회사는 일을 잘 못해도 상당 부분 복구가 가능하다면, 나의 실수가 곧 사람 하나 잘못되는 상황으로 이어질 수 있는 병원에서는 중압감이 컸다"라고 털어놨다.

그러면서도 이현은 병원에서 버티고 못 버티고는 '사람 성향 차이'라고 했다. 그는 견딜 수 없으리만치 힘들었던 실수들 앞에서, 그래도 꿋꿋하게 버텨가며 일하는 동료들과 선배 간호사를 목격했기 때문이다. "어쨌든 배워가는 과정이라 생각하는 사람들도 있고요. 생명이 정말 위독해지거나 그런 상황까지는 아니었기 때문에 그냥 넘기는 사람도 있겠지만 저는 그게 너무 힘들었어요."

이현은 환자를 면밀하게 살피지 못한 자신과, 무던한 남들과 달리 견디지 못한 스스로에게 화살을 돌리는 방식을 택했지만, 절대적으로 그건 이현의 잘못만은 아니었다. 그는 입사 후 수습 기간 한 달 동안 '선배 선생님' 옆에서 받는 직무 교육 기간을 거쳤다. (다른 병원도 거의 예외 없이 한 달간 선배인 프리셉터가 신규 간호사인 프리셉티를 맡아 도제식 교육을 하는 과정을 거친다.) 열심히 배운다고 배웠지만, 그 짧은 기간을 거친 후 '독립'해 맞닥뜨린 환자들은 선배 선생님 옆에서는 보지 못한 케이스들이었다.

게다가 이현이 돌봐야 하는 환자 수는 신규 간호사에게는 냉혹하리만치 많았다. 그는 뇌졸중을 포함한 신경계 질환자를 적게는 11명, 많게는 14명까지 간호했다. "일반 회사 같은 경우는 오전에 할 일을 오후에 미루고 이럴 수도 있거든요. 근데 간호사는 그 시간에 딱 해야 하는 일들이 있어요. 환자 약 주고 처치하고 그런 일들. 환자가 11명이면 11명을 다 한꺼번에 해야 하는데 너무 시간이 모자란 거예요." 2시간마다 환자들 체위 변경, 15분마다 가래 제거 및 혈압 측정, 1시간마다 소변량 체크하기 같은 것들이 이어지면, 그때그때 해야 하는 처치를 놓치거나 환자의 상태를 주의 깊게 살피는 일이 어려워진다. "하루 8시간 근무인데 저는 신규이다 보니까 미리 준비하러 3시간 일찍 출근하고 처치 내용 등을 기록하느라 2시간 늦게 가요. 그럼 하루 13시간을 일하는 거예요. 그 13시간 동안 생리대 한 번 못 갈아서 생리혈이 샌 적이 한두 번이 아니거든요. 물도 못 마시러 가고 밥 먹다가도 스트레스받아서 5분 만에 올라간 적이 많아요."

하루를 8시간씩, 데이·이브닝·나이트[43]로 나눠 근무하는 3교대 근무가 간호사의 건강에 미치는 영향은 '절대 악'이다. 잠자는 시간이 매번 바뀌다 보니 늘 수면의 질이 좋지 않고, 나이트 근무 시에는 새벽에 함께 야식을 먹는 습관 때문에 소화불량으로 인한 속쓰림을 달고 살았다.

이쯤 되면 이현의 퇴사는 그의 말처럼 '사람들 성향 차이' 때문인지 반문하게 된다. 이현의 동료들처럼 현재도 꿋꿋하게 병상을 지키는 간호사들이 있다고 해서, 간호사이기를 포기한 이현이 나약하다고 손가락질할 수 있을까. 그보다는 생리대를 갈 시간도

---

43 병원마다 다소 차이는 있으나 보통 '데이'는 오전 7시~오후 3시, '이브닝'은 오후 3시~오후 11시, '나이트'는 오후 11시~오전 7시다.

없을 만치 숨 쉴 틈 없는 근무에 간호사 1명당 십수 명의 환자를 돌봐야 하는 극한의 업무 환경을 만든 병원 내 구조에 눈을 돌리는 게 훨씬 더 온당한 처사다.

'태움'은 시스템의 문제다

그나마 이현은 병원 내 악습이라는 '태움'은 겪지 않아 다소 운이 좋은 편이었다. 그러나 극단 선택에 내몰렸던 2018년 서울아산병원 박선욱 간호사, 2019년 서울의료원 서지윤 간호사 사례에서 보듯 태움은 안 그래도 열악한 업무 환경에 내몰린 간호사들을 더욱 사지로 몰고 가는 요소다.

현재는 미국 뉴욕에서 간호사로 일하고 있는 소민(34)은 태움 때문에 한국에서의 생활을 접은 케이스다. 소민은 한국 병원 생활을 접기 전에, 자신을 힘들게 하는 근본 원인에 대해 분석했다. "나를 힘들게 하는 게 간호사라는 직업인지, 나를 태우는 저 사람들인지, 병원 환경인지를 분석해 봤어요. 저는 간호사 일은 싫지 않았고요. 병원이나 부서가 싫은 거라면 이동을 할 수도 있죠. 하지만 제가 생각했을 때 다른 병원이나 부서에 간다고 해도 전반적인 분위기가 이런 거라면 세대교체가 두 세대 이상 되지 않는 한 한국에서 간호사에 대한 인식이나 태움 같은 괴롭힘은 바뀌지 않을 거라고 봤어요." 소민은 4년이나 힘을 쏟은 전공 공부를 포기한다는 게 너무 억울했고, 자기 자신이 아닌 외부적인 이유로 직업을 그만둬야 한다는 게 싫어서 직업 대신 나라를 바꾸는 쪽을 선택했다.

그가 겪었던 태움은 "인생에서 특별한 고난 없이, 구김살 없이 밝게 자라 대학을 졸업하고 간호사가 막 된 어린 신규 간호사들이 평생 자신이 당해보지도, 들어보지도 못했던 모욕과 부담"이었다. 공식적인 의학 용어가 아닌, 병원에서만 쓰는 약어를 못 알아들으면 비웃는 일, 사생활 침해 수준의 질문과 뒷담화 등이 그것이었다. 소민은 상대가, 내가 숨 쉬는 것마저, 나의 존재마저 싫어한다는 느낌을 받았다고 했다. "'퇴근 후 뭐 했어?'라는 질문에 '기숙사 가서 쉬었어요'라고 답하면 '너 같은 돌대가리도 잠이 오냐?' 하는 식이에요." 옷차림이나 얼굴, 몸 등에 관한 인신공격적 폭언도 잇따랐다.

그러나 소민은 태움이라는 직장 내 괴롭힘에 대해 '일부 악마'의 가해로 치부하는 대신 구조적인 진단을 내리고 있었다. 그는 태움으로부터 비롯된 간호사들의 극단 선택에 대해 '구조적인 타살'이며 "마치 개인의 선택인 것처럼 보이지만, 외부에 존재하는 사회적 압박감이 자살에 큰 영향을 준다"라고 썼다. 그가 간호사의 자살 요인으로 첫손으로 꼽는 것은 병원 시스템과 인력 부족이다. 그는 간호사의 태움으로 인해 이익을 보고 있는 것은 과연 누구인지를 묻는다. 병원 인력의 70% 이상이 간호사이고, 병원 입장에서는 최대한의 수익 창출을 위해 간호사의 수를 최소한으로, 임금을 최저 수준으로 유지하고자 한다. 최소한의 간호사만 투입해 최대로 많은 환자를 보게 하는 시스템하에서, 태움은 자신을 억압하는 근본적 원인이 아닌 자신보다 약해 보이는 자를 향한 '수평 폭력'의 형태로 자행된다는 것이다. 그는 이를 두고 "문제의 원인을 정면으로 응시할 용기는 없기 때문에 약한 이에게 본인의 불만을 투사하는 비열한 폭력"이라고 말한다. 태움 가해자에게 면죄부를 주지 않으면서도, 태움을 양산하는 병원 내 불합리한 구조에 대한 통렬한 비판이다.

우리가 만난 많은 간호사들이 태움이라는 직장 내 괴롭힘을 간호사만의 고유한 문제로, '역시 여자의 적은 여자'라는 시선으로 다루는 언론에 반감을 갖고 있었다. 순천향대 천안병원 중환자실에서 5년간 근무했던 은지(32)도 같은 생각이다. "제가 생각하는 태움은 결국은 시스템인데요. 일단 간호사 한 명이 환자를 보는 수가 너무 많거든요. 그렇기 때문에 사람이 예민하고, 저는 그 환경 탓이라고 생각해요. (간호사 사회에) 여자가 많아서라기보다는 남자가 더 예민할 때도 있고요. 남성 의료 기사나 의사 중에 더 무례한 사람도 많아요."

은지 개인이 낸 해결책은 자신의 경험담을 널리 알려, 신규 간호사들이 겪을 시행착오를 줄이는 일이었다. 턱없이 짧은 직무교육 기간 후 학교에서의 간호학 공부와 병원에서 맞닥뜨리는 현실 사이의 괴리를 힘들어하는 후배 간호사들을 위해 은지는 3년 차였던 2018년 『신규 간호사 안내서』라는 책을 출간한다. 병원 퇴사 후인 2019년에는 동료 간호사와 함께 간호 교육 콘텐츠 스타트업 '드림널스'를 창업해 관련 서적 및 영상, 시뮬레이션 콘텐츠를 본격적으로 만들기 시작했다.

간호법에의 여망… 그러나

그러나 은지의 방책은 최선의 대책이 될 순 없다. 간호사를 죽어나가게 하는 이 불합리한 구조 자체를 뜯어고치는 것이야말로 근본적인 대책이기 때문이다. 그리하여 신규 간호사의 절반 이상이 1년 이내에 병원을 그만두는 현실, 평균 근무 연수가 7년 8개월로 일반 직장인의 절반 수준인 상황[44]을 뿌리 뽑는 것이 급선무다.

간호법은 이러한 간호사들의 여망이 일정 부분 반영된 법이다. 간호법 논의의 시작점 자체는 인구 고령화 추세다. 간호사의 역할은 더 이상 병원에 국한되지 않고 지역 사회 돌봄이나 방문 간호 등으로 뻗어 나가고 있는데 의료기관 중심의 의료법은 이를 반영하지 못하고 있기 때문이다.

가장 문제가 됐던 것은 법 제정의 목적을 명시한 간호법 1조였다. "이 법은 모든 국민이 의료기관과 지역사회에서 수준 높은

---

44 2023/6/6, 〈병원간호사회, 병원간호인력 배치현황 실태조사〉, 대한간호협회.

간호 혜택을 받을 수 있도록 간호에 관하여 필요한 사항을 규정함으로써 의료의 질 향상과 환자안전을 도모하여 국민의 건강 증진에 이바지함을 목적으로 한다." 간호사의 활동 영역에 기존의 의료기관에 더해 '지역사회'를 명시했다. 대한의사협회 등은 이 조항을 두고 "의료기관 밖에서 간호사의 단독 개원을 가능하게 한다"라며 반발해 왔다. 그러나 실제 지금도 간호사들이 노인요양원이나 장애인 복지시설, 어린이집 등에서 활동하는 현실을 감안했을 때 이는 억측에 가깝다. 은지의 말처럼 '실제 취지와 달리 의사 영역을 간호사가 침범한다는 인식'에 더해 의사와 간호사의 업무 범위는 각자 독자적임에도 불구하고 간호사는 의사 밑에 있어야 한다는 편견이 작용한 결과로 보인다.

코로나19를 계기로 공감대가 형성된 '간호사 처우 개선' 관련 조항은 더욱 알맹이가 없다. 국가 및 지자체의 책무와 간호사 당사자가 처우 개선을 요구할 권리 등을 선언하는 데 그쳤기 때문이다.

간호사만의 법을 만드는 것을 놓고 병원 내 다른 직역들의 반발도 잇따랐다. 가장 반발이 극심했던 쪽은 간호조무사들이었다. 간호법 5조에는 간호조무사 국가시험 응시 자격을 '간호 특성화고 졸업자' 또는 '고교 졸업자로 간호학원을 수료한 자'로 했다. 이에 대해 간호조무사협회는 "사실상 고졸로 학력 상한을 두었다"라며 학력 제한을 폐지해야 한다고 주장했다.

국회 본회의 재표결에서 간호법이 최종 부결·폐기되자 대한 간호협회는 부당한 불법 진료 지시를 거부하는 준법투쟁에 더욱 박차를 가했다. '진료보조인력'이라 불리는 PAPhysician Assistant 간 호사들이 채혈이나 심전도 검사, 대리처방 등 간호사 밖의 업무 를 의사를 대신해 해온 관례를 거부하고 나선 것이다. PA 간호사 제도는 의료법상 불법이지만 의사 인력이 부족한 상황에서 '비싼' 의사 역할을 '값싼' 간호사가 대신 해왔다. 일반 병동 변호사들도 의사 ID를 빌려 대리 처방하는 일이 비일비재했다. 전국보건의 료산업노동조합에 따르면 약 1만 명의 PA 간호사가 의료 현장에 투입된 것으로 나타났다.

보육교사 vs 유치원 교사? 유보통합에 담긴 것들

간호법보다도 사람들의 주목을 받지 못했으되, '현재 진행형' 인 중요 이슈가 하나 있다. 윤석열 대통령이 후보 시절부터 핵심 공약으로 밀었던 유보통합 이슈다.

유보통합은 유아교육(유치원)과 보육(어린이집)으로 나뉜 관리 체계를 '통합'하는 것이다. 이를 위해 정부는 2025년부터 시행을 목표로 현재 보건복지부와 지자체에서 하고 있는 보육 업무를 교 육부와 시·도교육청으로 이관하는 방안을 내놨다.

유보통합은 저출생 위기 속에서 만 0~5세 영유아가 어느 지 역이나 이용 기관과 관계없이 균등한, 질 높은 교육·돌봄 서비스를 받는 것을 목표로 한다. 교육부는 "현재의 이원화 체제에서는 교육·돌봄 여건이 달라 기관별 서비스 격차가 아동 간 격차로까지 이어진다는 우려가 있다"라고 설명한다.

현재 어린이집은 만 0~5세, 유치원은 만 3~5세가 다니는 곳으로 이원화돼 있다. 두 기관은 관할 부처가 다른 한편으로 체계도 완전히 다르다. 어린이집은 대체로 돌봄 시간이 길어 야간이나 방학에도 돌봄이 필요한 학부모들이 선호한다. 유치원은 상대적으로 시설 수준이 높고 교사들의 자격 및 처우가 좋은 편이다.

유보통합은 1995년 김영삼 정부의 교육개혁에 포함된 이래 30여 년간 역대 정부에서 지속적으로 추진했지만 보육·유아교육계의 반대와 부처 간 갈등으로 수차례 좌절됐다. 윤석열 정부는 2023년 1월 30일 로드맵을 발표하며 유보통합의 기치를 올렸지만 유치원 교사와 어린이집 교사들의 입장이 여전히 첨예하게 대립한다.

현재 유치원 교사와 어린이집 교사는 양성 체계가 다르다. 유치원 교사는 전문대나 4년제 대학에서 유아교육 등을 전공하고 유치원 정교사 자격증을 취득해야 한다. 반면 어린이집 교사는 학점은행제를 통해서도 자격증을 딸 수 있다.

0~5세 교원 자격을 통합하는 안이 거론되고 있지만 유치원 교사들은 통합 자체에 반대하는 입장이다. 0~2세, 3~5세 교사 자격을 분리해 보육과 교육의 전문성을 유지하면서 운영되도록

이원화해야 한다는 것이다. 전국국공립유치원교사노동조합 위원장인 다솜(35)은 "그동안 보육교사와 유치원 교사들의 양성 체계가 많이 달랐고 차이가 있었는데 이걸 짧은 유예기간만 주고 (통합) 자격을 취득할 수 있도록 하는 건 부적절하다고 생각한다"라고 말했다. 이 과정에서 보육교사들의 처우 개선에 반대한 적이 없음에도 유치원 교사들에 드리워진 '기득권 프레임'에 황당하다는 반응이다.

한편 보육교사들은 통합 교사 양성을 논의하는 과정에서 그간 쌓아온 전문성이 폄훼된다는 인상을 지울 수 없다. 전국공공운수사회서비스노동조합 보육지부장을 맡고 있는 미영(44)은 "우리 보육교사들은 필요하다면 재교육 등을 받을 준비가 충분히 돼 있다"라면서도 "마치 '자질이 안 되는 보육교사를 끌어올리려 (교원으로서의) 지위를 향상시켜 주겠다'는 식으로 언론에 비춰지고 있다"라며 불쾌감을 드러냈다. 2012년 박근혜 정부 당시 무상보육을 시작하면서 어린이집이 대폭 늘어나고, 보육교사를 수급하기 위해 자격을 완화시켜 놓고는 이제 와서 그렇게 자격을 획득한 교사들에 '자격이 없다'고 하는 건 "말이 안 되는 상황"이라는 것이다. 미영은 "4년제 대학을 나오지 않았다고 해서, 교육학을 배우지 않았다고 해서, 보육하는 선생님들의 자질이 떨어지는 것이 아니다"라고 했다. "보육과 교육을 딱 물과 기름처럼 나눌 수가 없는 게, 어린이집 선생님들은 아이들이 성장하는 단계에서 정서적으로 안정이 될 수 있게, 개월 수에 따라서도 세세한 것들을 가르치는데 이런 것도 교육에 들어가는 거지 보육이라고는 볼 수 없어요."

유치원 교사들은 상대적으로 어려운 자격 증명을 인정해 주지 않는 정부에, 어린이집 교사들은 낮은 임금 수준과 열악한 처우에 대한 구체적인 대책이 없는 현실에 더욱 분개하고 있다. 그렇기 때문에 교육부 중심의 추진을 위해 정부조직법을 조속히 개정하자는 주장에는 전국국공립유치원교사노동조합과 전국교직원노동조합유치원위원회, 전국공공운수사회서비스노동조합 보육지부 역시 반대하는 입장이다.[45]

유보통합이 윤석열 정부 들어 급물살을 탄 데 대해 이들은 '정치적 선택'이라거나 '산업적 측면'이 작용했다고 본다. 다솜은 "대통령의 대선 공약이자 국정 과제"라며 "2022년에 '만 5세 입학'을 밀어붙였다가 철회하면서 욕먹은 걸 만회하기 위해서는 교육 쪽에서 뭐가 하나라도 나와야 하는 상황"이라고 전했다. 이어 "0~5세 통합 교사 자격을 만들면 저출생 추세로 폐과 위기에 몰린 전국 대학들의 유아교육과, 보육학과 등이 '영유아교육과'로 통합돼 관련 파이가 커질 수 있다는 것도 한몫하는 것 같다"라고 말했다.

그러나 정치적 고려나 산업적 측면 때문에 현장의 목소리가 소외돼서는 안 된다는 게 유치원·어린이집 교사들의 공통된 목소

---

45 2023년 12월 8일, 그간 보건복지부가 관장하던 영유아 보육에 관한 사무를 교육부로 이관하는 내용의 정부조직법 개정안이 국회 본회의를 통과했다.

리다. 실제 유보통합 논의 과정에서는 교사들의 의견이 반영되지 않아 여러 잡음이 났다. 전국공공운수사회서비스노동조합 보육지부는 보육교사들이 가입한 유일한 노조임에도 불구하고 함 지부장은 유보통합추진위원회 구성에서 제외됐고, 전국국공립유치원교사노동조합은 "추진위의 불균형한 구성에 항의해도 조직에 큰 변화가 없었다"라며 반발하고 있다.

왜 정부 정책에 당사자들의 목소리가 반영되지 않는 걸까? 왜 이 중대한 사안은 '만 5세 입학'만큼 사람들의 관심이 쏠리지 않는 걸까? 이들 교사들은 '사회화된 돌봄에 대한 평가 절하'(보육교사)와 '초·중등 교원에 비해서도 압도적인 여초 직업군이기 때문에'(유치원 교사)라는 분석을 내놨다.

미영은 "돌봄 노동은 아무나 할 수 있다"라는 인식이 작용하고 있다는 입장이다. "돌봄이 집에서는 항상 그 자리에 있는 엄마가 하는 일이라고 생각을 해왔잖아요. 사회적으로 그러다 보니 보육교사들이 아이들을 돌보는 것은 당연하며, 단순하게 아이의 기본 욕구만 채워주는 사람으로 생각하고 있는 것 같아요." 거기에 더해 엄마의 육아를 놓고는 고충을 십분 이해하면서도, 교사 한 명이서 여러 아이를 돌보는 보육교사의 업무에·대해서는 '실수를 해서는 안 되는, 당연한 것'이라는 인식이 있다고 봤다. 돈받고 하는 일이기 때문에 응당 차질 없이 해야 한다는 '소비자주의'가 발동한다는 것이다.

다솜은 어린이집·유치원 등 학교급이 낮을수록 여성 교원 비율이 극적으로 높아지는 현실을 지적했다. "사회적으로 볼 때 사실 여성들이 많이 갖는 직업의 경우에는 처우 개선이라든가 관심이 더딘 그런 경우들이 많이 있잖아요. 저는 사실 그걸 느꼈거든요. 남초 직업군은 남자들이 들고일어나서 이야기하면 금방 개선되는 게 많아요. 근데 여초 직업군은 그런 게 더뎌요. 그런 것도 좀 영향이 있을 거라고 생각이 들어요." 입시 교육에 매몰된 한국의 상황과도 맞닿아 있다. "초·중등 교육은 대학 입시랑 직결되는 교육이기 때문에 학부모님들도 계속해서 신경을 쓰세요. 하지만 유치원에 대해서는 대부분의 학부모님들이 교육을 하는 곳이 아니라 아이를 오래 봐주는 곳이라고 생각을 해요."

4년 경력의 전직 보육교사였던 수정(36)은 탁상행정으로 시작된 유보통합에 대한 반발이 여자들 밥그릇 싸움처럼 비쳐 아쉽다고 했다. "사실 실정을 모르고, 탁상행정으로 결정한 거잖아. 추진하기 전에 우리들 말을 좀 들어봤으면 좋았을 텐데… 남자들 많은 직업이었으면 이렇게 처리했을까 싶은 생각도 들어. 젊은 여자들 많은 직업이라고 얘기 들어볼 생각을 안 한 게 아닌지…"

과밀 병상과 과밀 학급… "우리를 착취하지 말라"

간호사와 유치원·어린이집 교사들의 공통점 하나. 사람의 생명을 다루고 성장을 돌보는, 공공성이 높은 직업들이다. 그러나 최소 인원을 투입해 최대 효율을 내는 자본주의적 생산 양식에 입각해 쉽게 '착즙되는' 직업들이기도 하다. 이들 직군이 말하는 처우 개선 해법이 똑같은 까닭이 여기에 있다. 간호사는 1인당 환자 수를 줄이고, 교사는 1인당 학생 수를 줄여야 한다고 목소리를 높인다.

먼저 간호사의 경우를 들자면, 한국의 병상 수는 2021년 기준 1,000명당 12.8개로 OECD에서 가장 많다.[46] OECD 평균은 4.3개다. 그러나 간호인력(간호사·간호조무사)은 인구 1,000명당 8.8명으로, OECD 평균(9.8명)보다 적다. 간호사만 놓고 보면 4.6명으로, 평균(8.4명)과의 격차가 더 크다. 다만 인구 10만 명당 간호대 졸업자 수는 43.0명으로, OECD 평균(32.1명)보다 많았다.

병원급 이상 의료기관의 병상 수는 더욱 늘어나고 있다. 대한간호협회가 최근 5년간 '건강보험통계'를 분석한 결과 2022년 병원급 이상 급성기 의료기관[47]의 총 병상 수는 35만 6,067개다.[48] 2018년보다 3만 8,661개 늘었다. 같은 기간 간호사 수는 14만 4,346명에서 19만 7,459명으로 5만 3,113명 늘었다. 전체적으로는 병상보다 간호사 숫자가 더 늘어났다. 그러나 상급 종

46 보건복지부, 2023/7/25, 〈기대수명 83.6년 등 한국 보건의료 수준 양호〉.

47 병원급 이상 급성기 의료기관은 요양병원을 제외한 병원급 이상 의료기관이다. 상급종합병원, 종합병원, 병원 등이 해당된다.

48 오진송, 2023/9/25, "병원급 의료기관 간호사 노동 강도, 상급종합병원의 7배", 《연합뉴스》.

합병원의 경우 병상과 간호사 숫자가 비슷하게 증가한 한편, 병원은 병상이 3만여 개 증가할 동안 간호사는 1만여 명만 확충됐다. 병원의 경우 병상이 3개가 늘어날 때, 간호사는 1명만 확충된 것이다.

정부의 해법은 간호대 증원이다. 의대 정원 확대가 의사협회의 극심한 반발에 부딪혀 공회전을 거듭하는 사이, 간호대 정원은 꾸준히 상승해 왔다. 2008년 이후 꾸준히 확대돼 16년 새 약 2배 증가했으며, 2019년부터는 매년 700명씩 늘어나 2008년 1만 1,686명이던 간호대 정원은 2024학년 2만 3,883명까지 늘었다. 정부는 늘어나는 의료수요 등을 고려해 향후 최소 1,000명씩 증원이 필요하다고 말한다.

의대 증원과 달리 간호계나 전국보건의료산업노동조합에서는 정부의 취지 자체에는 공감했으나, 현장 간호사들 가운데서는 반발의 목소리도 만만찮다. 신규 간호사의 절반이 1년 내 퇴사하며, '장롱 면허'라 불리는 유휴 간호사만 10만 6,000여 명에 달하는 현실 먼저 바꾸지 않고서는 '밑 빠진 독에 물 붓기'라는 것이다.

2023년 4월 정부가 '제2차 간호인력 지원 종합대책'을 발표하며 간호대 정원을 한시적으로 확대한다는 방침을 밝혔을 때, 건강권 실현을 위한 행동하는 간호사회(행간)에서는 반대 입장을 밝혔다. 간호대 증원 기조는 이미 10년 전부터 시작돼 매년 3만

명의 신규 간호사가 쏟아져 나오지만 상황은 개선되지 않는다는 점에서 실효성이 없다는 지적이었다. 대학병원 중환자실에서 7년간 간호사로 근무했던 김수련의 책『밑바닥에서』는 간호대 증원을 더욱 강하게 질타한다. "덕분에 우리는 수많은 산업 예비군을 양성했고, 병원들이 더 쉽게 콧대 높이며 어린 간호사들을 위협해 말 잘 듣고 대체 가능한 나사 하나로 만드는 데 큰 조력을 했다."[49]

간호인력 지원 종합 대책에는 간호사 1인당 환자 5명을 간호하도록 정책적 지향을 설정한다고 명시했지만, 구체적이지 않다. 대안으로 언급되는 것은 지난 2021년 10월 국민 10만 명의 동의를 받아 국회에 회부된 '간호인력인권법'이다. 여기엔 간호사 1인당 환자 수를 법으로 규정하고 이를 지키지 않은 의료기관은 처벌한다는 내용이 담겼다. 그러나 간호법에 입법 취지가 반영돼 있다는 이유로 본회의에는 상정되지 못했으며, 내년 5월 21대 국회 임기 종료 시 함께 폐기될 위기에 놓였다.

유치원과 어린이집 교사들도 교사 1인당 학생 수 비율 감축을 주장한다. 2023년 7월, 교육부와 보건복지부가 함께 연 유보 통합 관련 간담회에서도 주로 터져 나온 목소리는 열악한 교사의 처우 개선과 함께 교사 1인당 학생 수 비율을 줄여야 한다는 것

---

49 김수련, 2023, 『밑바닥에서』, 글항아리.

이었다.

미영은 "농어촌 같은 경우 초과 보육과 탄력 보육 허용으로 심한 경우 교사 1명이 9명의 아동을 보게 된다"라며 "교사 대 아동 비율의 문제를 해결해야 보육교사의 소진을 막을 수 있다"라고 말했다.

간호사들은 1인당 환자 수를 줄이면 죽어가는 환자를 더 살릴 수 있다고, 교사들은 심각한 과밀화를 해소하면 아이들을 더 전인적으로 돌보고 교육할 수 있다고 말한다. 그러나 이들 기준이 법제화되지 않는 한 사립 병원들에서, 민간 보육시설 등에서 자체적으로 개선할 리는 없다는 것도 잘 안다. 서울 시내 대학병원에서 7년 차 간호사로 근무하고 있는 태리(31·가명)는 말했다. "1인당 병상 수를 줄이려면 더 많은 간호사들을 채용해야 하는데 병원 입장에서는 굳이 그럴 이유가 없죠. 왜냐하면 지금으로도 충분히 돌아가기 때문이에요." 그는 간호간병통합병동(간호사와 간호조무사 등 전문 의료진이 입원 환자의 간호를 24시간 전담해 별도의 간병인이나 보호자가 필요하지 않은 병동)에 있으면서 명절 등을 맞아 환자들이 빠질 것을 예상해 간호사 숫자를 줄였다가도, 예상보다 병상 수가 줄지 않는 상황에서도 축소한 간호 인력 그대로 운용하는 모습을 많이 봤다고 말했다. "그냥 그렇게 환자가 오버가 돼도 보는 거예요. 병원에서 '너네 전에도 그렇게까지 해봤잖아' 이런 말 나오면 그냥 또 묵묵히 하는 거죠. 그러다 보면 어느 순간 그게 당연한 게 돼요."

그래서 국가에 의료 공공성을 키워야 하며, 교육의 공공성을 제고해야 한다고 수많은 간호사와 교사들이 부르짖고 있다. 정부가 확실한 의지를 가지고, 간호사·교사 1인당 환자와 학생 수 기준을 세우고 어길 시 해당 기관을 처벌하는 조항까지 만들어 강제력을 확보해야 한다고. 정부가 이를 방기하는 동안에 수많은 무명의 간호사와 교사들이 죽어가고 있다고. 자본주의 기조하에서 그 자체로 '캐시 카우Cash cow(수익창출원)'가 되지 못했던, 필수 유지 인력으로 '밑바닥에서' 묵묵히 고생을 감내해야 했던 여성들은 여전히 울부짖고 있다.

3. ──────

노동을

────── 바꾸는

여자들

슬기

아이슬란드의 여성 총파업… 한국에서도?

2023년 10월 24일(현지 시각). 아이슬란드의 여성 수만 명이
손에서 일을 놨다. 유급 노동뿐 아니라 가사노동까지 전부 다.
40여 개 여성 단체·노조가 공동 조직한 이날 파업에는 '여초 직
업군'인 교사와 간호사를 비롯, 수산업계 종사자 등이 참여했다.
아이슬란드의 두 번째 여성 총리인 카트린 야콥스도티르도 예외
는 아니었다. 그는 말했다. "우리는 아직 완전한 성평등에 이르
지 못했으며 2023년에는 용납할 수 없는 임금 격차를 해소하기
위해 씨름하고 있다. (중략) 우리 정부는 성별에 기반한 폭력과의
싸움을 우선순위에 두고 있다."

아이슬란드에서 여성 총파업이 벌어진 것은 이날이 처음이

아니다. 1975년에도 아이슬란드 여성 노동자 90%가 파업을 벌였다. '세계 최초의 여성 총파업'이었다. 파업의 영향으로 이듬해 남녀고용평등법이 국회를 통과했다.

그러나 밖에서 보기에, 아이슬란드는 세계에서 가장 성평등한 나라다. 세계경제포럼WEF이 발표하는 성평등 지수에서 2009년부터 2023년까지 14년 연속 1위를 차지했다. (한국은 105위를 기록했다.) 성별 임금 격차도 9.7%(OECD, 2021년 기준)에 그쳐 30%가 넘는 한국 입장에서는 부러워할 만한 국가다.

그러나 '평등의 유토피아'처럼 묘사되는 아이슬란드에서도 완전한 성평등으로 가는 길은 아직 요원하다는 평가가 지배적이다. 아이슬란드 공공노조연맹 지부장 프레야 스테잉림스도티르는 미국 《뉴욕타임스》에서 "남녀 중위소득 격차가 21%이고, 여성 40%가 평생 동안 성폭력을 경험한다"라고 말했다. 성별 임금 격차나 젠더 기반 폭력이 여전하다는 증언이었다.

연대하는 한국의 여성 노동자들

한국에서도 일하는 여성들이 연대하고 있다. 노조 가입자 수의 가파른 증가세가 이를 증명한다. 최근 5년 새(2016~2021년) 노조 조합원 수는 211만 명에서 293만 명으로, 82만 명 가량 늘어난 것으로 추정된다.[49] 남녀 모두 조합원 수와 조직률이 증가했지만, 여성의 증가세가 더 빠른 것이 특징이다. 여성 조합원 비중은 30.6%에서 32.6%로 늘어나, 전체 노조원의 3분의 1을 점하고 있다.

이는 학교나 병원 같은 '여초' 직장들, 여성들이 많이 속한 요양이나 돌봄 쪽 비정규직 직장 구성원들의 노조 편입이 늘며 생겨난 추세다. 기존에 노조가 없던 이들 작업장들을 대상으로 양대 노총이 조직력을 발휘한 결과이기도 하다. 페미니즘 리부트 이후 '일하는 여성'으로서 기울어진 운동장에서 차별받고 있다는 자각이 직종을 넘어선 연대를 강화하기도 했다. 2022년, 양대 노총을 포함한 6개 단체는 '여성노동연대회의'를 출범시켰다. 연대회의는 2009년 49개 여성노동단체가 '민생 살리고 일자리 살리는 생생여성행동'을 발족한 이래 13년 만에 부활한 여성노동운동 연대체다. 이들은 "코로나19로 고용·노동 성차별이 악화한 상황에서 구조적 성차별을 부정한 윤석열 정부의 정책 기조가 연대회의 출범의 결정적 계기로 작용했다"라고 밝혔다.

오랜 세월 노동자 지위를 인정받지 못했던 여초 직군에서도 노조의 첫발을 떼고 있다. 가사노동자와 요양보호사, 방송작가가 그것이다. 2022년 6월, 가사노동자의 근로자성을 인정한 가사노동자법 시행과 함께 이들을 조직한 최초의 노조인 한국노총전국연대노동조합 가사·돌봄서비스지부가 출범했다. 같은 달 서비스

---

50 김유선, 2023, 〈한국의 노동조합 조직연구1: 2017~2021년 조합원수(조직률)증가〉, 한국노동연구소.

연맹 돌봄서비스분과 전국요양서비스노동조합과 전국사회서비스원노동조합이 통합해 돌봄노조도 닻을 올렸다.

2017년 11월에는 방송작가 최초의 노동조합인 방송작가유니온(전국언론노동조합 방송작가지부)도 생겨났다. 앞서 우리가 만났던 한별이 방송작가유니온의 창립 멤버다. 그는 2020년에는 부지부장을, 2021년에는 지부장을 지내며 임금 체불 등의 부당 대우와 불공정 계약, 살인적인 노동 환경 등에 맞서 싸웠다. 한별은 2021년을 방송작가유니온의 성과가 많았던 해로 기억한다. 처음으로 중앙노동위원회에서 방송작가가 근로기준법상 노동자로 인정받은 해이기 때문이다.[51] 또한 방송작가유니온의 요청으로 고용노동부가 KBS·MBC·SBS 방송 3사에 대한 특별근로감독을 실시, 보도와 시사·교양프로그램을 제작하는 프리랜서 작가 152명의 근로자성을 확인하기도 했다. "작가들이 사실 근로자로 살아보지 않았기 때문에 근로자성을 인정받는 게 어떤 의미인지 잘 모르는 작가들도 굉장히 많아요. 어쨌든 그런 기본적인 노동권을 보호받으면서 일할 수 있다, 그 기반이 생겼다는 거 자체가 정말 큰 의미였고요. 방송 3사를 대상으로 한 근로감독도 대상자만 200여 명에 달할 만큼 이례적으로 규모가 큰 근로감독이었다고

---

51 중앙노동위원회는 2021년 3월 19일 MBC 뉴스프로그램인 <뉴스투데이>에서 일하다 해고된 이 모 작가, 김 모 작가가 제기한 부당해고 구제신청 재심 사건에서, 두 작가의 노동자성을 인정하지 않았던 초심 판정을 취소한다는 판정을 내렸다.

해요."(한별)

일하는 여성이라는 자각에 더해 아이슬란드처럼 한국에서도 여성 총파업을 준비하는 움직임이 생겨났다. 2023년 11월 1일 전국여성노동조합, 한국여성노동자회 등 20개 단체는 2024 여성 파업조직위원회를 출범시켰다. 이들은 성별임금격차 해소, 돌봄 공공성 강화, 일하는 모든 이의 노동권 보장, 임신중지에 건강보험 적용 유산 유도제 도입, 최저임금 인상 등 5대 요구안을 언급하며 2024년 3·8 세계 여성의 날을 맞이해 파업을 준비하겠다고 밝혔다.

이상은 숫자로 보는 연대하는 여성 노동자들의 모습이다. 숫자에 가려진, 사유하고 행동하는 실체인 노동을 바꾸는 여자들의 모습이 궁금했다. 1965년생 순자부터, 1980년생 미영, 1990년생 지은까지 세대를 뛰어넘어 노조 하는 여자들을 만나봤다.

순자는 왜, 노조 하는 간호사가 되었나

소설가 황정은은 '1946년생 순자 씨'의 이야기를 그린 연작소설 『연년세세』[52]에서 "사는 동안 순자, 라는 이름을 가진 사람을 자주 만났"다며 "순자가 왜 이렇게 많을까"라는 의문에서부터 소설이 출발했다고 썼다. 아이가 순하게 살기를 바라고 지었을 그

---

52 황정은, 2020, 『연년세세』, 창비.

이름 '순자'. 우리가 만난 '1965년생' 순자(59)도 비슷한 바람을 가진 부모가 붙인 이름일 테다. 그러나 세월의 풍파 속, 그의 삶은 '순한 삶'과는 거리가 먼 투쟁의 연속이었다.

순자는 조합원 8만 4,000여 명 규모의 전국보건의료산업노동조합의 3선 위원장을 지냈다.(2009~2011년, 2018~2020년, 2021~2023년.) 전국보건의료산업노동조합은 간호사뿐 아니라 간호조무사, 의료기사, 요양보호사, 약사, 행정사무연구직, 시설관리, 영양사, 조리, 청소, 정신 보건전문요원, 기술 기능직 등 60여 개의 다양한 직종을 포괄한다. 민주노총 산하 다섯 번째로 큰 조직이며, 여성 비율이 82.5%에 달하는 압도적인 '여초 노조'다.

이화여대 간호학과를 졸업한 순자는 1989년부터 이화의료원 간호사로 일했다. 그가 노조에 가입하던 당시는 1987년 노동자 대투쟁[53] 직후여서 사회 전반에서 노조 활동이 활발하던 시기였다. 당시는 거의 모든 병원들이 간호사를 비정규직으로 채용했다가 길게는 1년까지 지켜보고 정규직으로 전환해 주는 형태였다. 그때 직접 보고 겪은 비정규직으로서의 설움이 노조의 문을 두드린 계기가 됐다. "저도 6개월 정도 비정규직으로 있었는데, 굉장

53　1987년 6월 항쟁에서부터 촉발된 노동자 대투쟁은 1980년대 중반 경제 호황에도 불구하고 장시간 저임금 노동에 의한 초과 착취를 이어가는 기업주에 대한 불만으로 터져 나왔다.

히 많은 차별을 겪었어요. 학교에서는 '전문직'이라고 생각하고 왔는데, 병원에 인력이 없다 보니 간호 업무와 동떨어진 육체노동도 많이 해야 했고요. '이론과 현실이 참 다르구나' 하고 있는데, 병동에서 같이 일하는 동료들이 자연스럽게 노조 가입을 권유하더라고요."

'노조 사무실을 들락날락하던' 순자는 이화의료원의 3·4·5대 노조 위원장을 지내게 됐다. 그는 노동자들의 권리를 신장하고, 병원 내 환경을 바꾸는 일에 일련의 재미를 느꼈다. "제가 위원장이 된 첫해에 했던 게, 병원 내 비정규직 여성에게도 생리휴가를 주는 일이에요. 당시에는 연차 말고 월차도 있었는데, 비정규직이라고 월차도 안 주더라고요. 그런 차별을 없애는 일부터 시작했어요." 병동의 환자들이 동전을 넣어 유료로 보던 TV도 무료로 바꾸는 등 환자들의 복리 증진을 위한 활동도 병행했다.

1998년 전국보건의료산업노동조합 출범서부터는 의료 공공성을 강화하는 운동들도 이어갔다. 2005년 무상의료 운동, 2009년 보호자 없는 병원(간호간병통합서비스) 실현, 2010년 건강보험 통합 운동 등이 그것이다. 순자는 노동계에서 '전향적인 사건'으로 일컬어지는 2021년 9·2 노정합의를 이끈 당사자다. 당시 노조는 "더 이상 버틸 수 없어 벼랑 끝에 내몰린 코로나19 최전선 보건의료노동자들이 호소하는 가장 절박한 파업, 의료인력의 탈진과 소진, 사직으로 인한 방역붕괴·의료붕괴를 막기 위한 파업"을 예고했다. 노조는 총파업 예고 시간을 불과 5시간 앞두고 보건복지부와 극적으로 합의문에 서명했다. 합의문에는 감염병 대응체계 구축과 공공의료 확충, 보건의료인력 확충을 위한 구체적 방안이 담겼다.

그러나 1년 남짓한 시간이 흐른 2023년 7월, 전국보건의료산업노동조합은 정부에 합의 이행을 요구하며 19년 만의 총파업에 들어갔다. 간호사 대 환자 수 1 대 5 보장, 간호간병통합서비스 전면 확대 등이 주요 의제였다. 노조는 간호법뿐 아니라 의료법 36조를 개정해 보건의료인력 전반에 대한 정원 규정을 마련해야 한다는 입장이다. "의료법 36조에 의료기관의 준수 사항을 명시하고 있는데, 여기에 보건의료 인력 등에 대한 정원 규정이 없어요. 또한 벌칙 조항에 해당하는 87조를 함께 개정해서 정원 규정을 위반할 시 처벌도 이뤄지도록 하자는 입장입니다." 노조가 얘기하는 구체적인 개선 방안은 간호등급차등제(간호인력 확보 수준에 따라 기본진료료 중 입원료를 차등 지급하는 제도) 상향 조정, 인력 배치 기준이 명시된 간호간병통합서비스 전면 확대다.

감염병 전담병원으로서 코로나 극복에 힘쓴 공공병원과 인력에 대한 지원도 순자가 강조하는 부분이다. "코로나 영웅들이 엔데믹 이후에 임금 체불까지 걱정할 정도로 어려운 상황에서 일하고 있는데요. '이대로는 절대 안 된다'고 생각합니다. 코로나 전담 병원들의 회복 지원 예산이 국회에서 반드시 편성이 돼야 하고, 그것이 국가적으로 공공의료를 강화하는 계기가 될 수 있다고 봐요. 그래서 (저도) 열심히 하려고 합니다."

순자는 30여 년 노조 생활을 하며 다양한 정치적 경험을 했다. 19대 총선에서는 통합진보당 비례대표 후보로 출마했다가 사퇴했으며, 2023년에는 제11기(직선 4기) 민주노총 위원장 선거에 도전하려다 포기했다(2023년 11월 21~27일 선거에서 현 위원장인 양경수 후보가 민주노총 첫 연임에 성공했다). 민주노총은 1995년 출범 이래 한 번도 여성 위원장을 배출한 적이 없다. 특정 정파에 소속되지 않은 순자는 "중간 영역에 있는 의견 그룹들과 같이 연대하려고 했는데 연대 과정에 어려움이 있었다"라며 "위원장-수석부위원장-사무처장 세 명의 러닝메이트 가운데 수석부위원장과 사무처장 후보를 구성하는 데 이견이 많았고 조정하기가 어려운 상황이었다"라고 토로했다. "내년(2024년)이면 민주노총도 30주년이고요. 전 세계적으로 여성 노총 위원장이 많이 생기는 추세라 한국에서도 여성 위원장이 나오면 좋겠다는 마음으로 출마를 고민했는데, 기대에 부응하지 못해서 굉장히 죄송하고 안타깝게 생각을 합니다."

순자는 임금이나 승진 같은 일터에서의 남녀 차별, 일·가정 양립을 위한 조건 마련에 노조가 많은 기여를 해왔음을 강조했다. 그가 노조 가입을 망설이는 여성들에게 하고 싶은 말은 2015년 버락 오바마 당시 미국 대통령이 했던 노동절 연설과 맥을 같이한다. "오바마 대통령이 '내 가족의 생계를 보장할 좋은 직업을 원하는가. 누군가 내 뒤를 든든하게 지켜주기를 바라는 가. 나라면 노조에 가입하겠다'라는 명연설을 한 적이 있는데요. 저는 여성들에게 이 얘길 꼭 하고 싶어요." 노조 생활만 30여 년을 이어간 언니가, 까마득한 후배들에게 건네는 조언이었다.

아이와 함께 갈 수 있는 '친근한 노조' 만들기

머리에 매는 빨간 띠, 패션과는 거리가 멀어 보이는 조끼 차림, 굳은 결의를 다짐하는 주먹 쥔 손… '노조' 하면 쉽게 떠올리는 이미지들이다. 보육교사들의 유일한 노조인 전국공공운수사회서비스노동조합 보육지부장을 지내고 있는 미영(44)이 노조 가입 첫해 갖고 있던 생각도 비슷했다. "(집회를 하면) 다 조끼 입고 나가서 '단결', '투쟁' 이렇게 말을 하는데 그런 게 낯설었어요. 소위 '북한이야?' 같은 반응도 많았고요." '과격한 노조' 대신 내가 어린이집에서 겪은 불합리한 일을 상담할 수 있는 '창구' 역할을 하는 게 미영의 바람이다.

2014년 첫 어린이집 생활을 시작한 미영은 그 자신이 물음표가 많은 보육교사였다. "근로계약서가 없다고요? 왜요?" 보육교사를 하기 이전에도 컴퓨터 학원 강사, 스포츠센터 트레이너 등 다양한 직업을 섭렵했던 미영에게 근로계약서를 쓰지 않는 어린이집은 당황스러운 일터였다. 거듭되는 요청 끝에 근로계약서는 썼지만 휴가나 휴게 시간 같은 기초적인 근로 조건에 대해서는 알 길이 없었다.

"제가 계속 물어보기 시작하니까 원장님이 그러시는 거예요. '보육교사는 교육자이지, 노동자가 아니다. 보육교사는 영유아보육법에 따라 근무를 한다.' 그래서 영유아보육법을 찾아봤는데, 보육교사 처우나 근무조건에 대한 내용이 없어요. '어떻게 된 거냐' 다시 물어봤더니 되게 피곤하게 한다며 저보고 그만두라고 하셨어요. 당시는 해고될 경우 3개월 치 월급을 받을 때여서 '3개월 치 월급 주시라'고 했더니 '어디서 이런 사람이 나타나서 물을 흐리냐'며 블랙리스트에 올리겠다고 하시더라고요. 그래서 저도 '원장님 블랙리스트로 올릴게요' 했어요." 원장이 말한 블랙리스트는 어린이집 원장들 사이에 도는 '문제 교사 리스트'였고, 미영이 말한 블랙리스트는 취업 포털 사이트에 게시되는 문제 사업장이었다.

미영은 2018년 노조에 가입했다. 노조의 필요성을 느끼고 있었지만 주위에서는 도통 노조 가입자를 찾을 수 없었던 미영은 우연히 보육교사 1급 승급 교육 자리에서 타 어린이집 교사로부터 '네이버 밴드 모임'을 소개받았다. "노조는 아니고 노조 활동을 하는 분이 운영하던 밴드였어요. 거기서 노조라는 걸 알게 됐고, 혼자 찾아가서 멀리서 지켜보다가 가입을 하게 됐죠."

전국공공운수사회서비스노동조합 보육지부가 세간에 알려

지게 된 것은 2020년 '어린이집 페이백' 문제를 공론화하면서다. '페이백'이란 서류상으로는 보육교사에게 정상적으로 월급을 지급한 뒤, 실제로는 그중 일부를 원장이 현금으로 돌려받는 행위다. 보건복지부는 코로나19 대응지침에 따라 어린이집 휴원, 영유아 출석 일수 감소와 관계없이 보육료 등을 전액 지원했지만 일부 어린이집 원장들은 경영상의 이유를 들며 교사에게 페이백을 요구했다. 이에 전국공공운수사회서비스노동조합 보육지부가 실태조사를 진행한 결과 교사 3명 중 1명은 페이백을 경험한 것으로 드러났다. "페이백뿐만 아니라 '3월 2일 자'로 근로계약서가 체결돼 하루 차이로 퇴직금을 받지 못하거나, 경력을 1년으로 인정받지 못하는 현실 같은 불합리한 일에 대해 문제제기를 하면서 언론에 노조 얘기가 많이 나오게 됐고요. 그러다 보니 그때 (노조) 가입률이 굉장히 높았었고, 노조를 몰랐던 분들도 알게 됐어요." 피부에 와닿는 문제 제기에 교사들이 화답했다.

2018년에 출범해 역사가 짧은 보육지부는, 노조의 문턱을 낮춰 인지도를 높이는 방향을 택하고 있다. "처음에는 다들 '노조' 하면 다 빨간 띠를 매고 올 줄 알았고, 바로 어린이집 블랙리스트에 올라가는 줄 알았다고 하시더라고요. 저희들은 노조 상담을 할 때도 어린이집에서 아이들과 소통하는 것처럼 예쁜 단어들을 쓰면서 얘기를 하기 때문에 다들 친근하게 보세요." 집회도 시민들이 참여할 수 있는 문화제 형식으로 꾸린다. "조합원들뿐만 아니라 지인들, 집회 현장을 지나가던 학부모님이나 아이들도 같이 참여해서 콩트 공연을 본다든지, 길거리에 간이 어린이집을 만들어 휴게 시간 없이 일하는 보육교사들의 처지를 체험하게 하는 행사 등을 했어요. 그러다 보니 노조에 반감이 있던 분들도 '보육교사 선생님들은 노조 하는 방식이 다르네'라는 말씀들을 많이 하시더라고요." 옛날 방식의 '강성 투쟁'보다는 직군에 맞게 살짝 바꾸는 일이 필요하다고 미영은 생각한다.

미영은 '애 키우는 엄마'에게 친화적인 노조 만들기에도 관심이 많다. 미영 자신도 초등학생 아들 둘을 둔 엄마다. 그는 코로나19 국면에서 학교에 가지 못한 아이들을 직접 데리고 다니며 노조 회의에 참석하면서 미영은 '노조 사무실에 아이들을 돌볼 공간이 필요하다'고 건의했다. 첫 반응은 '한 번도 여성 노동자가 아이를 데리고 온 적이 없다'는 것이었다. "노조에는 당연히 여성 노동자도 있으니, 이런 것도 잘되어 있어야 하지 않냐고 말씀드렸어요." 지부 차원의 회의나 행사에서는, 항상 아이들을 맡아주는 보육교사 한 분을 따로 모시는 보육지부 입장에서는 당연한 반문이었다.

회의가 거듭되고, 미영을 따라서 아이들이 자주 노조를 찾게되자, 자연스럽게 아이들 공간이 생겨났다. "처음에는 애를 데리고 참석하는 걸 불편하게 생각하는 분들이 계셨어요. 이제는 아이들이 여러 번 오다 보니까, (전국공공운수사회서비스노동조합) 위원장실이 아이들 원격 수업을 하는 공간이 됐어요." 여러 눈총에도 불구하고, 노조 활동도 육아도 포기할 수 없었던 미영이 '투쟁'한 결과였다. 빨간 머리띠와 주먹 쥔 손도 없이.

과소대표되는 여자들… 노조를 바꾸다

미영의 사례처럼, 노조 하는 여자들은 노동뿐 아니라 노조를 바꾸는 데도 적극 뛰어들고 있다. 지은(34)은 전국교직원노동조합에서 여성부위원장을 맡고 있다. 지은이 맡은 자리는 여성임원 할당제의 일환으로 보장되는 직책이다. 2020년 전국교직원노동조합은 임원에 여성부위원장을 명시하고, 임원의 30% 이상 여성 할당제가 반영될 수 있도록 관련 규약을 개정했다. 대표적인 '여초 노조'로 조합원 성비가 7 대 3(여성 73.1%)이지만, 노조를 이끌어 가는 중앙집행위원회의 성비는 3 대 7(여성 37%)[54]로 뒤집혀 여성 과소대표 논란이 늘 일었다.

전국교직원노동조합은 위원장-수석부위원장 후보가 러닝메이트로 나서는 선거하에서 남성 위원장 후보, 여성 수석부위원장 후보라는 도식이 오랜 기간 공고화되었다. (전국교직원노동조합은 위원장과 수석부위원장 두 후보 중 한 명은 반드시 여성이 출마하는 동반 출마제도를 2004년에 만들었다.) 실효성 논란이 일었던 '수석부위원

---

54 어고은, 2023/3/9, "노조하는 여자들, 보이지 않는 벽을 부수다", 《매일노동뉴스》.

장' 대신 위원장-사무총장 동반출마제로 바뀐 2020년 선거에서
는 위원장 후보 셋이 모두 여성이었다.

당시 선거에서 지은은 사무총장 후보로 위원장 후보와 여-
여 선본을 꾸려 출마했다 낙선했다. "할당제라는 제도도 중요하
지만, 그렇게 여성만으로도 선본을 꾸릴 수 있다는 걸 보여주는
게 굉장히 중요한 역할을 했다고 생각해요. 여성들이 이렇게 할
수도 있다는 걸 상징적으로 보여주는 거니까요." 낙선 후 여성
몫의 부위원장으로 선임된 지은은 전국교직원노동조합의 역대
임원 중 최연소다. "제가 이렇게 임원으로 한번 일하고 나면, 어
린 사람도 임원을 했다는 전례가 생기는 거잖아요. 그러면 앞으
로 기회가 더 많아질 수 있을 거라 생각해요. '젊은 여성, 90년대
생도 할 수 있어' 이렇게요."

1989년 출범해, 창립 35년째를 맞는 전국교직원노동조합은
사람으로 치면 '장년'에 속하는 나이다. 지은이 갖는 문제의식 중
젊은 세대로부터 전국교직원노동조합이 외면받고 있는 현실이
다. "젊은 교사가 많이 없기도 하고, 예전에 비해 노동조합을 많
이 선호하지 않는 분위기가 있어요. 옛날처럼 국가가 '거악'처럼
여겨지던 시대는 지났으니까요. 신생 노조가 생겨나기도 했고
요."

지은이 생각하는 전국교직원노동조합의 차별화 포인트는,
페미니즘적 관점이다. 조합원들이 여성 교사라서 혹은 남성 교사

라서 겪는 학교 내 성차별적 현실을 파헤쳐 대안을 제시하는 일이다. 이러한 일환으로 전국교직원노동조합에는 조직 내 성평등 특별위원회가 있다. 또한 2021년부터 성평등 단협안을 만드는 작업이 진행 중이다. 성평등 단협안이란 사용자와 단체 협약을 체결할 때 내용 생성과 교섭, 이행, 점검 등 전 과정에 걸쳐 성평등 관점을 반영하는 것이다.

이 같은 일들은 노조의 이름으로 벌이는 외부와의 투쟁뿐 아니라 내부 투쟁을 수반하는 일이며, 그것이 장기적으로 조직을 강화하는 일이라고 지은은 힘주어 말한다. "노조가 출범한 지 30년이 지났는데, 출범 당시부터 있었던 감수성이나 관련 문화들이 굉장히 훌륭한 한편으로 현재에 와서는 비판받아야 할 부분도 많거든요. 소위 말하는 'MZ'들이 노조 안에서 발화하고 자유롭게 활동할 수 있는 문화, 그런 평등한 발판을 마련하기 위한 조직적인 성찰과 혁신이 필요하다고 봅니다."

4장

알을 깨는
여자들

"새는 알을 깨고 나온다. 알은 곧 세계이
다. 태어나려고 하는 자는 하나의 세계를
파괴하지 않으면 안 된다." 널리 알려진 헤
르만 헤세의 소설 『데미안』[55]의 한 구절이
다. 여기 나오는 10인의 여성들은 '여자 하
기 좋은 직업'들을 박차고 나와 새로운 직
업적 삶을 도모하는 이들이다. 세상이 여
성에게 바라는 틀을 깨고 자신에게 맞는 새
로운 세계를 찾아 나선 이들이라는 뜻으
로, '알을 깨는 여자들'이라 호명했다.

---

55 헤르만 헤세, 2009, 『데미안』, 민음사.

1. ─────

불합리에 맞서,
────── 혹은 비껴서 산다:
소민, 도도

미국으로 간 간호사 슬기 작성

1990년생 소민(가명) | 경기도 소재 대학병원에서 5년간 간호사로 근무 |

2017년 미국 간호사 시험 합격 | 현재까지 미국 뉴저지에 거주하며 심장병동

간호사로 근무 중

우리는 간호 교육 콘텐츠 기업을 운영하는 은지를 인터뷰하
며 간호사들이 미국과 호주, 캐나다 등 해외로 많이들 진출하고
있다는 소식을 들었다. '왜 때문에' 가는 것인지 속내를 들어보고
싶었고, 그렇게 은지에게 소개받은 사람이 소민(34)이었다. 5년
전 미국으로 건너가, 현재 미국 뉴저지에서 간호사로 살고 있는
소민과는 당연히 '줌'으로 만났다. 나이를 묻자 "여기서는 서리

섬싱30 something이라고 많이 얘기해서… 정확히 제 나이를 잘 모르겠어요"라고 말하는 소민에게서 줌 너머로도 '쿨한' 인상이 느껴졌다.

소민에게 간호사란, 우리가 만난 다른 이들과 달리 오히려 부모님의 바람을 거슬러 선택한 직업이었다. "프랙티컬한 거… 실질적으로 뭔가를 하는 액티브하고 피지컬하게 하는 일을 좋아해요. 간호사는 직접 내 손으로 뭔가를 하고, 결과를 그 자리에서 바로 볼 수 있는 직업이잖아요. 부모님은 저한테 기대치가 높으셔서 '외교관이 돼라', '행정고시를 쳐라' 하고 말씀하셨거든요. 근데 이제 어떡하겠어요. 제가 혼자서 원서를 그렇게 다 써 버렸는데."

소민은 대전 소재 대학의 간호학과에 입학했다가, 2년 후 고향인 부산 소재 간호학과로 편입했다. 문과 출신의 소민은 간호학과 공부에 적응하기가 쉽지 않았다고 털어놨다. "교수님들이 좀 걱정할 정도로 성적이 안 좋았었어요. 4.5점 만점에 3점을 겨우 넘는 정도? 중·고등학교 때 공부를 그렇게 못하는 편은 아니었는데, 간호학과는 생물학이나 화학 같은 이과 과목이 많아서 따라가기가 굉장히 힘들었던 기억이 나요. 그랬던 제가 지금은 미국에서 살고 있으니까 신기하기는 한데…"

대학 졸업 후 간호 국가고시에 합격한 소민은 경기도 소재의 한 대학병원에 취업, 심장외과 병동에 배치됐다. 소민의 설명에 따르면 개심술이라고 하는, 흉부를 직접 열어서 심장 수술을 한 후 중환자실에서 인공호흡기는 뺀 상태이나 부정맥이나 감염, 출혈 같은 문제가 있는 환자들이 오는 병동이다. 소민의 생각에 병원 내에서 간호사들에게 격무 부서라는 건 따로 존재하지 않을 정도로 다들 힘들게 일하고 있지만 "심장은 장기 특성상 환자들의 상태가 급격하게 바뀌기 때문에 그런 것에 대한 부담이 있는 부서이기는 하다"라고 부연했다.

주어진 일을 열심히 하는 '신규'가 되려고 했지만 사정은 녹록지 않았다. 소민은 오늘날 미국에서도, 한국에서와 똑같이 심장외과 병동에서 근무하고 있지만 일을 하며 느끼는 보람이 전혀 다르다고 했다.

"지금도 심장외과 중환자실에서 일을 하고 있지만 미국에서 느끼는 보람이 굉장히 커요. 한국에 있을 때는 간호사들을 존중해 주지 않는다는 느낌이 많이 들었고요. 하는 일에 비해서 항상 저평가되고 쉽게 판단당한다고 생각했기 때문에 한국에서는 그다지 행복하지 않았습니다. 솔직히 행복했으면, 여기 안 왔겠죠."

• 교육을 빙자한 감정적 화풀이

소민에게 간호사를 저평가하는 존재를 묻자 "누구 하나를 콕 집에서 말할 수는 없을 것 같다"라고 말했다. "의사나 환자, 환자

보호자도 그럴 수 있고요. 같은 간호사도 그럴 수 있어요. 구체적으로 얘기를 해보자면 사실 제 부모님도 간호사라는 직업에 대해서 잘 이해를 못 하시고 '주사 놓는 직업 아니야' 이렇게 얘기하시는 데 이것도 무례한 거죠. 거기다 간호사들은 젊은 여자들이 많은데 한국에선 나보다 나이가 어리다고 하면 위아래가 정해지잖아요? 그러면 그때부터 위아래가 생겨서 (간호사한테) 낮춰서 말을 하는 사람도 많고요. 환자랑 환자 보호자들도 저희가 의료인이라 생각하기보다는 병원의 서비스를 위한 직업 정도로 생각하시는 분이 많았어요. 심지어 제가 일했던 병원은 수도권에 있는 병원이잖아요. 지방은 그런 게 더 심할 거고요. 그래서 지방에 취직을 안 한 이유도 있어요."

소민은 우리가 만난 간호사들 중 '태움'의 폐해를 가장 적극적으로 언급한 사람이다. '신규'를 무시하는 말들, 인신공격적인 언사 등에 넌덜머리가 났기 때문이다. 간호사 생활을 한 지 5년 만에, 미국행을 결심하게 된 이유도 거기에 있었다.

"저는 한국에서는 간호사로 못 살겠다고 생각하고, 다른 직업을 하려고도 생각해 봤어요. 그래서 간호사들이 보건직 공무원이나 소방관, 보건교사를 알아보거나 건강보험심사평가원 같은 공공기관도 알아보는 거거든요. 근데 생각해 보면 전 간호사라는 직업 자체가 싫었던 건 아니에요. 나를 힘들 게 하는 게 간호사라는 직업인지 아니면 날 태우는 저 사람들 때문인지 병원 환경 때문인지 한번 분석해 봤어요. 이 병원이 문제인 거면 병원을 바꾸면 괜찮을 수도 있으니까요. 근데 제가 생각했을 땐 여길 떠나서 다른 병원에 간다고 해도 전반적인 한국 분위기를 생각하면 세대가 두 세대 이상 교체되지 않는 이상 간호사들에 대한 인식이나 괴롭힘이 없어지지 않을 거 같더라고요. 제가 어쨌든 4년 동안 간호학이라는 전공을 공부했고, 그걸로 5년간 경력도 쌓았는데 그걸 타인들 때문에, 주변 환경 때문에 그만둔다는 게 너무 싫었어요. '그래, 그럼 직업을 바꾸지 말고 나라를 바꾸자' 그렇게 생각했어요." 미국으로 간 이후 소민은 국제간호컨퍼런스ICN에서 200개가 넘는 국가의 간호사들을 만나서야 알았다 한다. 태움은 한국에만 있다는 사실을. "다른 나라는 간호사가 없나요. 다른 나라도 다 간호사가 있는데 유독 한국에서만 '태움'을 해요. 교육을 빙자해서 감정적 화풀이를 하는 거죠."

　한국의 간호사들이 많이들 진출하는 일본이나 호주, 캐나다가 아닌 미국을 선택한 이유에 대해서는 '간호사로 일하기에 가장 좋은 나라'이기 때문이다. "일단 대학원도 아주 잘돼 있고요 석·박사를 하게 되면 너스 프랙티셔너NP; Nurse Practioner[56]나 치과 전문 간호사를 할 수 있어요. 의료 서비스를 제공하고 처방을 할 수 있는 사람을 보통 메디컬 프로바이더Medical Provider라고 하는

56　의사처럼 치료와 처방이 가능한 간호사. 한국에서는 '임상전문간호사'로 불린다.

데 한국에서는 간호사가 그런 걸 할 수 있는 길이 다 막혀 있잖아
요. 미국에서는 그런 과정들을 거치면 내 연봉도 올라가고 경력
이나 스킬, 라이선스에 대한 보상을 철저히 받잖아요. 노력하면
노력한 만큼 인정받는 나라이기 때문에 여기 온 것 같아요. 한국
에서는 솔직히 그런 게 없었던 것 같고요."

미국에 가겠다고 결정을 하고, 소민은 약 2년가량 미국 진출
을 위한 준비를 했다. 미국 간호사 시험인 엔클랙스N-CLEX를 치기
위한 준비와 함께 영어 공부는 필수였다. 소민은 "교육 과정 자
체는 한국과 미국이 크게 다른 것 같지 않다. 그런데 시험 제도가
다르다. 예를 들면 미국은 아무래도 상황에 대한 판단력이나 우
선순위를 매길 수 있는 능력 같은 크리티컬 싱킹critical thinking을
보는 반면, 한국은 단답식 문항이 많았던 거 같다"라고 말한다.

영어에는 왕도가 없었다. "그냥 열심히 하는 수밖에 없어요.
출퇴근하면서 영어 듣기 파일 듣고 자기 전까지도 공부하고요.
주말에 또 영어 공부하러 가면서 틈틈이 내가 말한 거 녹음해서
들어보고요. 아무래도 영어를 쓰던 사람이 아니기 때문에 영어에
최대한 많이 노출이 되는 수밖에 없었어요."

• 병원서 처음 들어본 얘기 "와줘서 고마워"

그렇게 2016년, 다니던 병원을 그만둔 소민은 2017년 8월
미국 간호사 시험에 합격하고, 같은 달 이민 청원을 넣었다. 이

듬해인 2018년 5월 미국 대사관 인터뷰를 보고 이민 비자를 받은 후, 그해 7월 남편과 함께 미국 뉴욕에 도착했다.

어느덧 미국에서의 간호사 생활만 6년. 한국에서의 경력을 넘어섰다. 소민이 체감하는 한국과의 가장 큰 차이는 간호사의 역할 및 책임이 훨씬 크다는 점이다. 또한 병원에서 흔히 보던 직역 간 갑을 관계나 간호사 간 '태움' 같은 것들을 미국에서는 전혀 보지 못했다. "한국은 유독 갑을 관계가 사회 여러 곳에 만연한 것 같은데요. 의사와 간호사가 주로 그렇게 비치지만 사실 간호사와 간호조무사 간 문제도 있고요. 그런 프레임 자체가 여기엔 없는 거 같아요. 그냥 직업이 다르고 하는 일이 다른 거죠."

특히나 '워라밸'에 있어서의 만족도는 최고다. 소민은 한국에서는 3교대로 근무하느라 신규로 일하던 첫 6개월간은 생리를 하지 않을 만큼 극심한 스트레스에 시달렸다. 그러나 지금은 12시간씩 주 3일 근무만 소화하고, 나머지는 대학원 입학을 위한 준비에 시간을 쏟는다. "미국은 일단 2교대고요. 데이(낮 근무, 오전 7시~오후 7시)와 나이트(밤 근무, 오후 7시~오전 7시)만 있어서, 데이는 데이만 하고 나이트는 나이트만 해요. 저는 제가 선택해서 나이트를 하고 있고요. 간호사가 부족해서 초과 근무도 많이 하는데, 여기서는 초과 근무를 하면 수당을 1.5~2배를 줘요. 한국에서 주 5일씩 일하던 사람들한테 그 정도는 아무것도 아니어서 자주 그렇게 뛰는데 그러면 병동에서 '와줘서 고마워'라면서 '네가 와서 훨씬 병동이 나아졌다'라고 해요. 처음 미국에 왔을 때 그런 말 듣고 진짜 감동 많이 받았어요. 한국에서는 '바보다', '또라이다' 같은 소리를 듣다가 내가 출근만 해도 '와줘서 고맙다'라고 하니까요. 처음에는 '저 사람이 나한테 사기를 치나' 하는 생각까지 했다니까요."

연봉도 수직 상승했다. 한국에서 5년 차 대학병원 간호사였던 2016년 소민의 연봉은 세전 4,500만 원 수준. 미국에 오고 난 뒤 4년 차였던 2021년 기준 소민의 연봉은 12만 달러(약 1억 5,800만 원)이다. 살인적인 뉴욕 물가 등을 감안해도 한국에서의 삶보다는 훨씬 풍족하다고 느낀다.

소민은 간호사가 '여자 하기 좋은 직업'이라는 말에 전혀 공감하지 못한다. 해당 직업에 대한 수행 능력 자체가 중요한 거지 거기에 왜 여자, 남자가 들어가는지 이해하지 못하겠다고 했다. "저는 만약에 내 가족이 심장 수술을 해서 중환자실에 있다고 한다면, 거기에 남자 간호사가 있든 여자 간호사가 있든 안 중요할 거 같거든요. 남자든 여자든 간에 그 간호사가 사람을 살릴 수 있는 실력이 있는지가 중요한 거고요. 한국에서는 정말 태어날 때부터 결정된 그 성별이 굉장히 중요한데 여기서는 전혀 중요하지가 않아요. 제가 지금 일하고 있는 병동에서, 한국에서는 '수간호사'로 부르는 매니저들은 남자고요. 게이도 많았어요. 거기에 아무도 관심을 두거나 주목하지 않아요."

앞으로의 계획을 묻는 말에 소민은 석사 졸업 후 마취 전문 간호사가 되는 게 목표라고 했다. 또한 본인이 '신규' 때 겪었던 어려움을 환기하며 강연이나 책 등을 통해 후배 간호사들에게 실무 노하우를 전하는 일도 꾸준히 할 생각이다.

인터뷰가 끝나고 소민은 우리에게 미국으로 떠난 소회를 담은 한 편의 글을 보내왔다. 거기에 소민은 이렇게 적었다. "미국에 와서 정착한 지금도 한국에서의 기억은 지울 수 없는 트라우마이며 다시 돌아가고 싶지 않은 과거다. 그 누구도 나의 고통을 이해해 주지 않는 외로운 시간들을 보냈다. 겪어보지 않은 사람은 친구도, 가족도 도무지 이해할 수 없는 이 불지옥, 태움의 연속. 말 그대로, 정책은 멀고, 이민은 가깝다. 그렇게 나는 한국을 떠났다. 그리고 난 미국에서 나의 고통에 대한 보상을 받고 있다고 생각한다. 나의 노력에 합당한 보수와, 사회적 인식, 합리적인 근무환경이 그 보상이다."

학교에서 겪은 구조적 문제를 시민교육으로 풀다 현주 작성

1977년생 도도(활동명) | 전직 사립고 수학교사 | 전북민주시민교육센터 바스락 대표

교사를 사직하고 다른 일을 하는 이들을 찾다가 흥미로운 사

례를 접했다. 수학교사로 일하다 교사를 그만두고 성평등 활동가로 살고 있는 도도(47)의 이야기였다. 도도의 연락처를 전달받아 전화를 걸어봤다.

"선생님, 안녕하세요. 교사를 그만두고 새로운 길을 가고 있는 분들의 사례를 듣고 있습니다."

"아, 네. 제가 교사 그만둔 지가 꽤 되었는데 그래도 도움이 될까요? 여기는 전주인데 시간이 되신다면 전주 구경시켜 드릴게요."

도도의 환영에 반가운 마음이 들었지만 아쉽게도 우리는 온라인 회의실에서 만남을 가졌다. 도도는 서울에서 대학을 나와 기간제 교사로 일하다가 퇴직 전에는 전주의 사립 고등학교에서 근무하다가 퇴직했다. 공립고 교사가 되기 위해서 여러 번 임용에도 도전했던 도도가 교직을 떠나게 된 결정적인 이유는 무엇이었을까?

"저는 학교라는 공간을 삶에 대한 가르침이 있는 곳이라고 생각을 했었어요. 마지막으로 근무했던 곳에서 교사에게 가장 요구되는 것이 생활지도였는데요. 거기서 가치관 충돌이 많이 일어났어요. 내가 동의하지 못하는 것들을 타자에게 요구해야 하니까요. 폭력적이고 권위적인 분위기가 힘들었고요. 한 아이의 10여 년의 삶을 수용하는 방법이나 대화하는 방법을 사범대에서 배우지 않았죠. 현장에서는 결국 학생들이 폭력적인 상황에서 느끼는 파괴적인 감정을 다루는 것이 주된 업무였기 때문에 그 부분이 힘들었던 것 같아요. 학교 문화가 바뀌기 시작한 것이 수도권보다는 전주가 늦었을 거예요. 학생들도 피로하고 공부하기 싫어하고, 교사 사회도 많이 변하기도 했고요. 모든 사람들이 피로해 있는 상태에서 일상에서 터뜨리는 부정적인 기운을 학교에서 가장 강렬하게 느끼고 있다 생각했죠."

도도가 말하는 폭력이라 함은 물리적 폭력만을 말하는 것이 아니다. 입시 최전선에 있는 사립 남자 고등학교에서 주요 교과를 가르치며 담임을 해야 하는 도도에게 지워지는 학생 훈육의 의무 때문이었을 것이다.

"당시에 고3 담임이 몇 명 죽었다더라 이런 얘기가 많이 돌았었어요. 저도 근무시간을 세어봤었는데 하루에 14시간을 근무하며 학교에 있어야 하는 날이 일주일에 세 번 될 때가 있었어요. 저는 과목도 수학이라 거기서 벗어날 수 없는 거죠."

온라인 여교사 커뮤니티를 보면서 느꼈던 점이 생각났다. 같은 '교사'라는 타이틀을 가지고 있지만 초등교사와 중등교사의 업무는 사뭇 다르다는 것이다. 초등교사가 보는 중등교사의 키워드는 시험 기간, 문제 출제, 생기부, 학생부, 고3 담임 등이었다. 거기에 민원, 학부모, 학생 교우 관계, 관리자, 학교 업무, 공문 등은 공통 분모일 테니 그들의 직업적 삶이 만만치 않아 보였다.

도도가 고3 담임에 대한 추억을 들려주었다.

"너무 옛날 얘기이긴 한데, 제가 4년 차 시절, 30대 초반이었어요. 학교에서 1학년, 2학년, 3학년 순서대로 올라가면서 3학년 담임이 될 때가 있었어요. 근데 교장이 불러서 어린 여교사에게 3학년 담임을 주면 지역사회에서 우리 학교를 어떻게 보겠느냐 하더라고요. 사실 사립에서는 여성을 많이 뽑지 않기 때문에 사범대를 나온 여성들은 거의 임용고시에 그렇게 매달릴 수밖에 없어요. 사립으로 들어갈 수 있는 길이 좁기 때문이에요. 저도 그래서 공립 임용에 여러 번 도전했었고요. '진짜 무서운 선생님은 여선생님'라는 우스갯소리가 있는데, 그리될 수밖에 없는 것은 학교에서 여교사에게도 가부장적 교사상을 요구하기 때문이라는 거예요. 그리고 재밌는 것이, 제가 사립고에 갔을 때 저보다 한 살 많은 여선생님이 그 학교에 입사한 최초의 여교사였어요. 학교의 역사가 짧은 곳도 아니었는데도요."

Q. 고교 교사들의 월급은 온당하게 평가받으려면 얼마를 받아야 할까요?

A. 저는 경제적인 것보다는 업무 강도 측면에서 생각해 봤어요. 그 정도의 업무 강도가 주어지는 직장은 안 된다는 생각이 첫 번째로 들어요. 왜냐하면 일주일에 3일 이상을 14시간을 근무해야 되는 것이 살인적인 거죠. 그래서 제가 남 교사들을 볼 때도 안타까웠던 것이, 여교사는 담임을 안 줬던 시기가 있어

요. 저하고 비슷하게 수학교사고 결혼했고 자녀가 있는 분들을 보면 도대체 저 사람들은 가족과 일주일에 몇 시간을 보낼까 궁금하더라고요. 감옥 같은 곳에 교사와 학생들을 몰아넣고 세상은 거기에 있는 사람들을 잊고 산다는 생각이 들었죠. 그리고 사실 이 나라에서도 지역별로 거주생활비가 천차만별이라 얼마를 받아야 하는지는 지역에 따라 또 다를 것 같아요."

도도는 가부장적인 학교에서 그들이 요구하는 문화를 적극적으로 따라가는 교사였을까?

"졸업한 애들이 나중에 말해준 사실인데, 저 몰래 우리 반 애들 군기 잡는다고 때렸던 선생님들이 꽤 계셨대요. 그러면서 '너희 반 담임이 여교사니까 너네가 잘해야지'라고 타일렀대요. 저도 직장에 들어가서 능력을 인정받고 싶은 욕구가 있었을 때였어요. 그렇지만 가부장적 교사가 되고 싶지 않은 마음이 공존했던 시기라 참 혼란스러운 시절이었어요."

학생들을 폭력적으로 대하기 싫은 마음이 도도를 여성주의 활동가의 길로 이끌게 된 것일지 궁금했다. "사직을 결정하면서 어떠한 구체적인 모습을 그린 것은 아니에요. 다만, 사회든 내 삶이든 변화를 기다리기보다 내가 변화를 하나씩 만들어 가는 삶을 살아야겠다라는 생각이 강했어요. 사직 전에 지역에서 여성주의 학습을 같이 하면서 여성주의적 글쓰기를 하는 집단에 들어가 있었어요. 그곳에서 가부장성을 언어로 느끼고 이것에 대한 불편함을 언어로 해석하는 능력이 제게 힘이 되면서 그만둘 수 있었던 것 같아요."

Q. 사직을 하게 된 결정적 계기는 무엇인가요?

A. 더 이상 학생이 학생으로 안 보였기 때문인 것 같아요. 난 그냥 월급 받으려고 학교 다니는 거라는 마음이 들 때는 이곳을 떠나야겠다는 생각이 있었어요. 마지막에 맡았던 학생들과 동료 교사들의 분위기가 가장 크게 영향을 미쳤어요. 폭력적으로 아이들을 대하고 권위적으로 대하고, 말이 통하지 않고요. 아이들은 점점 교사에 맞춰서 살아남기 위한 인간형으로 변하고요. 내가 담임이긴 하지만 일주일에 4~6시간을 만나는 수학교사라 나의 영향력이 너무 적은 거예요. 그런데도 애들에게는 그게 숨통이 트이는 시간이었는지 저는 감정의 쓰레기통이 되는 거죠. 그들이 숨 쉬는 시간은 곧 나의 삶인데 쓰레기통으로 계속 존재하고 싶지는 않다는 생각이 들었어요. 저는 그렇게 일상에서 많은 욕을 들은 적이 그 학교 가기 전까지는 없었어요. '쌍시옷으로 시작해서 쌍시옷으로 끝나는' 말을 내뱉는 어른과 아이가 나의 주변에 너무나 오래 존재하는 거죠.

도도는 '비비협동조합'에서 여성주의 활동을 실질적으로 익힌 후 성평등과 민주주의를 가지고 교육·문화 활동을 하는 '전북민주시민교육센터 바스락'을 운영하는 대표가 됐다. 여성주의 활동과 지역 기반을 연결하는 문화 활동과 기획이 주된 활동이다.

Q. 활동가로 사신 지 8년이 되셨는데 학교 계실 때보다 행복하신가요?

A. 그렇죠. 너무 바쁘고요. 돌아보니 경험하면서 배운 기간이 있었던 것 같고, 지금은 그걸 활용해서 펼쳐야 될 것들이 많아요. 그래서 에너지를 너무 한 곳에 많이 쏟지 않으려고 조심하고 있고, 그리고 일을 덜 벌이려고 노력하고요. 주로 정부 예산으로 집행하는 프로젝트를 따 와서 일하기도 하고, 센터에서 활동가 교육도 진행하고 있어요. 개인적으로는 수입의 안정성 측면 때문에 사교육 활동도 병행하고 있어요.

삶에서 어떤 지점이 도도를 여성주의 활동가로 이끈 것인지 궁금했다. "제가 5녀 1남 중 다섯째 딸이에요. 그런 가족 구성도 영향이 있을 수 있다고 보고요. 학부에서도 사범대 다른 과에 비하면 여초인 편이라, 여성 학우들의 맥락이 주되었던 것도 있었어요. 학교에 있을 때 아이들과 페미니즘 관련 이야기를 나눠본 적도 있었어요. 학생들이 온라인으로 어떤 반페미 문화를 접하고

사는지를 간접적으로 알게 되었죠. 한번은 이런 일도 있었어요. 제가 보기에는 남성 중심적인 사고방식에 맞춰 사시는 선배 여교사가 계셨는데, 애들이 그분 이름을 '꼴페미'라는 단어와 함께 적어놓은 거예요. 도대체 뭘 보고 저 선생님을 '꼴페미'라고 써놓은 것일까 흥미로웠죠."

남고에서 학생들과 페미니즘에 관한 이야기를 나눈 경험이 있다니 도도가 대단해 보였다. 우리가 도도를 알게 된 것은 전교조 여성 부위원장 지은의 소개 덕분이었는데 도도가 교권을 성인지 관점에서 분석한 연구에 참여했기 때문이었다. 전직 교사인 도도가 학교 문화에 대해 여성주의적으로 분석한 지점이 궁금했다. "여성 교사가 교육이라는 이름으로 행하는 것이, 사회적 여성성을 부정하고 나라고 생각했던 것들을 부정해야만 그 역할을 수행할 수 있다고 봐요. 긍정적 여성상을 내 몸에 붙여서 삶을 살았던 사람들이 학교에 가서 자기하고 충돌되는 역할을 계속 수행해야 해요. 교사로서 그런 것을 요구받음과 동시에, 일상 속에서는 여전히 여성으로서의 억압을 받고 있잖아요. 그 충돌 때문에 여교사 자신에 대한 왜곡도 일어난다고 봐요. 이중부정에 계속 시달리는 그런 업무 환경이 성격에 좋은 영향을 줄 리가 없겠죠"

Q. 성평등은 민주시민교육이고 학교에서도 중요한 문제라고 말씀하셨는데, 학교 문화가 바뀔 수 있을까요?

A. 하나의 문제를 해결하고자 변화의 흐름이 시작되면 아마 또 다른 문제도 나타날 거예요. 저는 변화를 바라는 사람들이 늘어나면 언젠가는 바뀔 것이라고 생각해요. 어쨌든 그 길은 가봐야 아는 거고 제가 학교를 그만둔 것에 대해서 후회는 없거든요. 그런데 학교에 있는 동안 이런 시도는 해볼 수 있었는데 하는 후회는 있어요. 그러니까 '그 안에 있을 때만 할 수 있는 이런저런 시도를 해볼 것' 하는 후회요. 이제는 성평등과 관련된 교육을 시도하는 교사 그룹들이 생기기 시작했잖아요. 긍정적 변화의 바람이 일어나고 있는 거라 생각하고요. 결국에는 힘겨루기가 필요한 건데, 지금 생각에 힘겨루기가 전혀 안 될 것 같다고 해서 우리가 포기할 수는 없어요. 균열을 내놓고 보면 나중에 배턴을 이어받아서 달리는 사람이 있더라고요. 그 힘을 믿어야 해요.

물리적 거리는 멀지만 자신의 근거지에서 힘차고 뜨겁게 활동하고 있는 도도의 존재가 우리에게는 응원처럼 느껴졌다. 민주시민교육에서 점화된 불씨가 우리의 일상과 문화를 바꾸어 주기를, 도도가 들고 있는 배턴이 땅에 떨어지지 않기를 간절히 바란다.

2. ──────

전직을 밑거름 삼아
──────── 창업에 나서다:
주영, 은지

교사는 순진해서 사업하면 망한다고요? 현주 작성

1986년생 주영 | 전직 초등교사 | 상담센터 원장, 부모교육 전문가

유튜브에 조회수 9만[57]에 가까운 주영의 영상이 있다. 〈초등
교사 의원면직, 그 좋은 직업을 왜 그만둬?〉 내가 의원면직을 고
민하며 여러 온라인 채널을 뒤질 때 만났던 클립이었다. 섬네일
에 기록되어 있는 부제는 "아―무 문제 없던 13년 차 교사의 사직
이야기"다. 2022년 1월에 업로드된 영상으로 영상 설명에는 "많
이 힘들었어?라고 묻는 사람들을 위한 나의 이야기. 혹시 제가

───
57 2023년 11월 기준.

쉽게 사직했다고 생각하시는 분들을 위하여 만들었습니다···ㅎ
ㅎ"라고 적혀 있다.

영상에서 주영은 뚜렷한 목소리로 말했다. "박차고 나와보니
내가 알던 세상은 너무나 작았구나." 주영은 블로그도 운영 중이
다. 자신이 운영하는 상담센터에 대한 이야기와 일상이 기록되어
있다.

블로그 댓글로 주영에게 인터뷰를 요청했다. "안녕하세요.
저도 2022년 초등교사를 사직한 '의원면직러'입니다. 여초 직업
을 그만둔 분들에 대한 책을 준비하고 있어요. 선생님의 이야기
를 듣고 싶습니다."

온라인 회의실에서 만난 주영은 유튜브에서 본 것과 똑같이
당찬 목소리에 자신감 있는 표정을 가지고 있었다. 직장인이 사
직을 하면 보통 여행이나 휴식 등 잠시 쉼표를 갖는 경우가 대부
분일 텐데 주영은 바로 새로운 일을 시작했다고 말했다. 주영은
서울 대치동에서 상담센터를 운영 중이다. "사직 후 쉬지 않고
제 센터를 만들었어요. 부모님과 아이들에게 코칭을 함으로써 아
이들이 더 잘 자랄 수 있도록 도움을 드리는 일이에요." 주영의
센터에서는 풀배터리 검사(인지/정서를 포함한 전반적인 심리적 영역
을 파악하기 위한 종합심리검사)를 임상심리사가 진행한다. 그 후 결
과지를 분석하는 일은 주영이 직접 한다. 아이의 학교생활과 사
회성에 도움이 될 만한 실제적인 코칭이 이루어지는 것이다. "저

는 교사를 그만뒀지만 앞으로 살아가면서 제가 하는 일들을 결국에는 교육과 연관이 될 거라고 예상해요. 완전히 다른 길을 간다기보다는 내가 몸담았던 곳에서 배웠던 것을 활용하면서 학교 밖에서 내가 무엇을 할 수 있는지 관심이 많아요."

주영은 교육대학교 입학 후 거의 쉼 없이 달려왔다고 한다. 휴직도 1년 미만으로 사용했으니 성인이 되고부터는 계속 예비교사-교사의 삶을 살아온 것이다. "스무 살에 대학에 가고 4학년 마치자마자 바로 임용에 합격해서 3월부터 근무했어요. 발령 대기자 시절 없이 졸업과 동시에 현장에 투입되었죠. 그래서 저에 대해 고민하고 다른 것을 생각할 여유가 없었어요."

다른 것을 생각할 여유가 없었던 사람치고는 주영은 사직 후에 많은 일을 하고 있다. 준비 과정 없이 바로 시작한 사업체를 성공적으로 운영하고 있기 때문이다.

"센터 운영하면서 한 달에 발생하는 순수익은 제반 비용 제외하고 교사 월급 2배 이상은 되는 것 같아요. 풀배터리 검사도 1년 치 예약이 꽉 찼고요. 일이 너무 많아서 줄여야 하는 지경이에요."

주영은 주변에도 교사나 안정적인 직장을 가진 사람만 있지 사업을 하는 사람은 없었다고 한다. 학교에서 나오자마자 사업체에서 수익을 발생시킬 수 있었던 사람이 어떻게 교사로만 살았을까.

"교사가 되는 것은 제 계획에 없었어요. 다른 대학에 가고 싶었고요, 외국에도 가고 싶었어요. 그런데 부모님께서 교대가 아니면 안 된다 하셔서… 그렇게 강권하실 것을 예상했다면 저는 교대를 지원하지 않았을 텐데."

우리가 만난 전직 교사들은 주변에서 '너는 교사가 딱이다'라며 추천을 한 경우가 꽤 있었다. 주영도 그런 권유를 들은 적이 있을까. "제 성격이 한국에서 사는 여성으로는 적합하지 않다고, 제가 아주 어릴 때부터 느꼈었어요. 주변에서도 그랬어요. '너는 한국에서 못 살겠다.' 칭찬 아니고 욕처럼요.(웃음) 고등학교 선생님들께서도 제가 교대에 진학한다고 했을 때 충격받으셨어요. 부모님 빼고 주변인들은 모두 놀랐어요. '너랑 정말 안 어울리는 데를 가는구나'라면서요."

주영은 어떤 대답이든 힘있고 자신있게 말했다. 그런 그가 마음에 없는 교대에 진학할 수밖에 없었다는 것이 조금 의아하기도 했다. 부모님의 뜻 대신 본인이 하고 싶은 것을 선택할 캐릭터로 보였기 때문이다. "저는 아빠랑 관계가 좋아서 아빠 말을 잘 경청해요. '아빠가 네 성격을 아는데 네가 회사(일반 사기업)에 가면 너무 많이 부딪혀서 고통받을 거야' 하시는 거예요. 저는 회사생활을 경험해 보지 못했잖아요. 근데 아빠의 말은 나를 진심으로 걱정하는 말이니까 거기에 동한 거죠. 엄마의 교대 권유는 정말 전형적이었어요. 조금 편안하게 결혼을 하려면 교사를 하는 게 좋으니까 추천하신 거죠. '네가 나중에 다른 것을 하더라도 일단 교대를 선택해 봤으면 좋겠다. 해보고 마음에 안 들면 그만두고 그 이후에 너 하고 싶은 거 실컷 해도 된다' 하셨어요."

주영은 부모님의 말씀처럼 '직접 해보고 마음에 안 들어서' 사직을 선택했다. 주영은 스스로 '나 같은 교사 만나기 쉽지 않다'라고 여길 정도로 학교에서 최선을 다했다고 했다. 그럼에도 불구하고 주영이 느낀 교직의 단점은 무엇일까. "제 행복은 오로지 교실에 있었는데, 그만둬야겠다는 생각이 들었던 것은 사회적 분위기 때문이에요. 사회가 학교를 무시한다면 아무리 그 안에 있는 사람이 열심히 한다고 해서 되는 건 아니잖아요. 학교에서 교사라는 타이틀을 가지고 내가 해내는 거에 자부심이 있었는데 점점 자부심을 느끼기 힘든 구조가 되고 있다는 느낌을 받았어요."

주영은 소위 말하는 '학군지'의 거대 학교—과밀 학급에서 근무했었다. 그 점이 사직에 영향을 미쳤을 수도 있다. 서울시 초등학교의 수[58]는 2022년 기준 609개로 그 숫자만큼 분위기가 다양하다. 주영은 마지막 학교에 근무할 때 했던 생각을 털어놓았다. "'학교에서 누가 교육을 해? 거기 그냥 애 봐주는 데지' 이런 분위기를 읽었어요. 그러면 저도 그냥 적당히 하면 되지만, 저는

---

58 서울시 초등학교 통계, 서울 열린데이터 광장.

저의 프라이드도 중요해요. 제가 열심히 해서 학생들이 정말 좋은 선생님을 만났다 생각하고, 학부모들이 감사함을 표현해야 제가 하는 교육활동에 보람을 느끼죠. 사회적으로 교사의 수명이 끝났다는 생각을 한 5년 정도 전부터 했어요."

'교사의 수명이 끝났다'는 다소 과격한 주영의 표현에서 오히려 학교에 대한 애정이 느껴졌다. 주영의 말은 공교육을 존중하지 않는 분위기에 대한 안타까운 마음을 드러낸 것이기 때문이다. "너무 슬프고 안타까워요. 저는 학교와 교사라는 직업에 애정이 많거든요. 근데 안타깝다고 해서 침몰하는 배에 내가 같이 타고 있고 싶지 않은 거예요. 학교가 가라앉고 있다는 생각이 들었어요. 학생들한테 이런 소리도 들었어요. '선생님 공부 잘했는데 왜 선생님 했어요?'"

나와 주영은 우연히도 발령 연도와 사직 연도가 같다. '라떼는 말이야'라는 말을 하고 싶지 않아도 이 얘기는 꼭 하고 싶다. 나와 주영이 교사 생활을 시작하던 2009년은 교사에 대한 대우가 지금과 같지 않았다. 힘들어도 대부분 존중해 주고 고생한다고 말해주었었다. 코로나 이후 내가 학교로 돌아갔을 때 분위기가 많이 삭막해진 것을 느꼈다. 교사들이 많이 몸을 사리고 있다는 것도.

주영이 덧붙였다. "사직하기 전 마지막 해에 제 정신 건강 상태가 좋지 않았어요. 가슴 뛰는 거 있잖아요. 공황장애 초기 증상이에요. 아이도 양육하고 학교도 빡세게 다니니까 번아웃이 온 거죠. 내가 그렇게 열심히 살면 사회가 교사인 나한테 주는 이점이 있어야 하는데 별로 없잖아요. '건수가 생기면 당장 그만둬야지' 하는 마음으로 그해를 시작했었어요."

Q. 사직을 결정했을 때 주변 반응은 어땠나요?

A. 가족들은 올 것이 왔구나, 알아서 하라는 분위기였죠. 오히려 학교에서 그만두지 말라고 해서 충격이었어요. 40대 중반 이후 교사 호봉 정도로 많이 받을 수 있는 직업이 밖에 나가면 없다는 걸 아시니까 '힘들면 쉬어가면서 하되, 하지만 절대로 교사를 놓지 말아라' 이런 얘기요. 동료 교사들의 반응은 '나가면 엄청 뭐 하고 싶은 거 있어?' 이런 거 있잖아요. 근데 제가 교직을 디스하면서 나간 것도 아니었거든요. 그런데도 '나가면 뭐 대단한 거 있을 줄 알아?' 같은 반응이 조금 의외였죠. 교사인 친구들 같은 경우는 그만두면 다 문제가 있는 줄 알아요. 무슨 일 있었구나, 마음고생 심했구나, 얼마나 힘들었으면, 이런 반응이요. 학교 밖에서는 다른 직장으로 이직하면 축하를 받잖아요. 근데 교사 집단은 그만둔다 그러면은 참다 참다 너무 힘든 일을 겪어서, 마치 패배자처럼 그만두는 것처럼 비쳐서 기분이 좋지는 않았어요. 그래서 유튜브를 올린 거예요. 원래 SNS도 안 하는데.

Q. 퇴직 후 일상은 어떠신가요?

A. 기본적으로 센터 운영 때문에 바빠요. 상담도 진행하고 관련된 자료도 만들고요. 그뿐만 아니라 제 아이도 양육하고, 재테크 공부도 하고 여러 가지를 하고 있어요. 제가 지금 센터에서 바쁜 것은 결국에는 제 이름으로 남는 거니까 저는 좋아요. 분명히 학교에서의 삶이 더 좋은 사람들도 있다는 건 아는데 저는 그거랑은 안 맞는 사람인 것 같아요. 그래서 제가 제 이름 걸고 하고 있는 일들이 되게 좋고 무한하게 확장할 수 있다는 것에서 성취를 느껴요. 그러니 사직 후 만족감이 훨씬 높다고 할 수 있어요.

Q. 그래도 교사는 '안정적'인 직업이라고 하는데 어떻게 생각하시나요?

A. 과연 교사가 안정적이냐는 의문이 들었었어요. 왜냐하면 학부모들이 단순 민원이 아니라 거의 법적 소송으로 가는 경우를 많이 봤거든요. 요즘 선생님들은 관리자한테도 위협을 받고 학생이나 학부모한테도 위협을 받고 있으니까요. 반면에 지금 제가 하는 일은 제 마음에 안 들면 저한테 안 오겠죠. 돈을 안 받으면 되잖아요. 심플한 거예요. 그래서 훨씬 마음이 편하고 만족도도 좋고요.

주영은 주변에서 교사가 사업하면 망한다는 말을 귀에 못이 박히도록 들었다고 한다. 하지만 정작 자신이 사업체를 운영해 보니 밑지기는커녕 오픈 준비하는 동안에도 신청자가 밀려서 센터 오픈을 서두를 정도였다고 했다. 열심히 하는 만큼 성과를 내는 궤도에 올라선 주영은 앞으로 어떤 방향으로 나아가려는 걸까. "상담대학원과 내러티브치료 학회 활동을 하고 있는데, 여기서 배우고 느낀 것을 바탕으로 사람들의 마음의 안정과 소속감을 위한 소셜 커뮤니티를 만드는 데 관심이 있어요. 교직을 벗어났지만 여전히 소속감과 안정감, 타인과의 관계에서 얻는 즐거움과 인정이 필요함을 알기 때문이에요." 교사 출신 사업가인 주영의 행보가 기대된다.

간호사에서 스타트업 CEO로 슬기 작성

1992년생 은지 | 간호 교육 콘텐츠 기업 '드림널스' 공동 대표 | 전 순천향대 병원 중환자실 간호사 | 『신규 간호사 안내서』의 저자

은지(32)는 인터뷰를 시작하기 앞서 책의 취지에 관해 물었다. "항상 간호사들이 외부에 비췄을 때 힘든 직업, 퇴사율이 높은 직업으로 다뤄지는데요. 그렇다고 해서 직업의 한계만 보여주고 싶지는 않아요. 저도 퇴사를 한 상황이지만, 힘들지만 의미

있는 직업이라는 것을 꼭 얘기하고 싶어요." 은지의 의견에 십분 공감하며 인터뷰에 들어갔다.

은지는 간호 교육 콘텐츠 기업 '드림널스'의 공동 대표다. 대학병원 중환자실에서 5년간 근무한 전직 간호사였으며, 현재는 5년 경력의 새내기 CEO다. 간호사로 근무할 무렵, 어렵게 들어온 직장에 한 달도 안 돼 퇴직하는 동료 간호사들을 보며 안타까운 마음에 『신규 간호사 안내서』라는 책을 썼고, 그 책이 간호 교육 콘텐츠를 만드는 은지의 오늘을 만들었다.

Q. 왜 간호사라는 직업을 택했었나요?

A. 전 원래 승무원이 하고 싶었어요. 서비스직을 하고 싶었는데 아무래도 '여자 하기 좋은 직업'이라는 면에서 로망이 있었던 거 같고요. 그런데 부모님께서 '먹고살 수 있는 직업'을 얘기하시면서 간호학과를 권유하셨어요. 막상 수능 보니까 간호학과에 넣을 만한 점수가 나와서, 간호학과에 진학하게 됐어요.

2011년, 은지는 공주대 간호학과에 입학했지만 1~2학년 때는 공부에 재미를 못 붙였다. 그러나 1,000시간이 넘는 실습을 거치며 교과서 속 지식들을 활용하는 기쁨을 맛보고서는 전공 공부를 대하는 태도가 바뀌었다고 했다. 그렇게 4년 후인 2015년,

간호 국가고시에 합격한 은지는 순천향대병원 중환자실에서 간호사 생활을 시작하게 된다.

Q. 간호사로 취업한 후 맞닥뜨린 현실은 어땠나요? 예상과 일치했나요?

A. 아뇨, 전혀 달랐어요. 지금도 기억나는 건 출근이 너무 무서웠다는 거예요. 제가 근무했던 곳이 중환자실이라 말 그대로 병원에서 병세가 중한 환자들이 다 중환자실로 모이는데, 그러다 보니 루틴이라는 게 하나도 없는 거예요. 나한테 오늘 어떤 일이 있을지 전혀 예측을 할 수 없고요. 항상 병원에서 울리는 CPR(심폐소생술) 방송에 예민하게 대처해야 했죠. 들어갈 때는 내가 국가고시도 합격했고, 간호사 면허증도 있으니 알아서 일을 잘할 수 있겠지 하고 생각을 했는데 실제로는 하나도 해낼 수가 없겠더라고요. 학교에서 배운 공부랑 병원에서 실제 하는 일 사이에 괴리감이 너무 심한 거예요.

은지는 무엇보다도 숨을 죄어 오는 듯한 압박감이 제일 힘들었다고 했다. 나의 실수가 곧 환자에게 해를 미칠 수 있기에. 은지가 그런 성장통을 겪는 동안 결국 버티지 못한 숱한 동료 간호사들이 입사한 지 한 달 만에, 1년이 채 되지 않아서 병원을 떠나갔다.

"조금 여유가 생기니까 후배들이 눈에 들어오기 시작했는데요. 그 얼굴에서 제가 봤던 그 두려움이 보이는 거예요. '안타깝다'는 생각이 들어서 그럼 어떻게 도울 수 있을까 싶더라고요. 당시에 저는 병원 밖에서 병원 생각 안 하려고 독서 모임을 많이 했는데요. 책을 읽다 보니 글을 좀 써보고 싶다, 그걸로 사람들한테 도움을 주고 싶다, 힘들었던 경험 얘길 하면서 그걸로 '너도할 수 있어'라고 말해주고 싶다는 생각이 들었어요."

책이 출간된 이후 은지는 여러 곳에서 강연을 다니며 또래 간호사들을 만나러 다녔다. 은지는 그즈음부터 퇴사욕이 조금씩 자라기 시작했다고 말한다. "여기 있으면 5년 후에도, 10년 후에도 같은 일을 할 거라고 생각하니까 성장이 없다는 느낌이 들더라고요. 제가 책을 쓰고 강연을 다녀도 병원 안에서는 아무도 저를 지지해 주지 않는 보수적인 분위기도 느꼈고요. 남들이 아무리 좋은 직업이라고 하더라도 저의 주체적인 성장이 안 보이고, '희망이 없다'는 생각이 드니까 진짜 버티기 힘들더라고요. 병원 밖 활동들을 하다 보니까 '다른 영향력을 펼칠 수 있겠다'는 생각이 들어서 큰 고민 없이 퇴사하게 됐어요. '망해봤자 얼마나 망하겠어' 하는 심정으로."

5년간 다니던 직장을 때려치우고 먼저 향한 곳은 인도였다. 스무 살 때부터 간직했던 인도 여행이라는 버킷리스트를 스물여덟이 되어서야 이뤘다. 이후 2019년 8월, 간호 교육 콘텐츠를 만드는 스타트업 '드림널스'를 창업했다. 책 홍보 방안을 고민하다 만난 유튜버 '널스맘'(진선)과 의기투합해 함께 나선 길이었다.

"저희는 다 저희 자본으로 시작을 했어요. 퇴직금으로 받은 4,000만 원과 정부지원사업에 선정된 것을 기반으로 했고요. 저도 공동대표도 일반 회사에는 다녀본 경험이 없으니까 정말 맨땅에 헤딩하며 했어요. 처음 시작했던 사업 모델은 신규 간호사들이 처음 겪는 학교와 병원 사이 괴리감을 좀 좁혀줘야겠다는 측면에서 밖에서 수업하는 예비 공부방 개념이었고요. 공부방도 7기까지 서울에서 운영했는데 그걸 들으려고 강릉, 제주 등등 먼 곳에서도 오더라고요. 그 교육을 위해 만든 교재가 사흘 만에 1,000권이 팔릴 만큼 인기를 끌어서 책도 더 많이 내게 됐죠."

지금에 와서 오프라인 공부방은 온라인 강의로 바뀌었다. 책은 더욱 세분화되어 입사 직전의 간호사 뿐 아니라, 병원 병동·부서별 안내서, 미국 간호사 시험인 엔클랙스 대비서, 임상 간호사 외 다른 진로에 대한 가이드 등 93권의 도서를 출간하고 있다. 드림널스는 창업 4년 만에 직원 14명, 매출 20억 원의 회사로 성장했다. 은지의 연봉도 간호사 시절 수입의 2배 이상이다.

은지가 생각하기에 스타트업 대표는 간호사에 비해 전혀 여자가 하기에 좋은 직업이 아니다. 한 기업의 대표로서, 은지는 생각지도 못한 다른 장벽에 맞닥뜨리는 중이다. "일단은 여성 CEO의 성공 케이스가 잘 없어요. 그리고 여성 CEO라고 하면 투자자나 다른 업체 대표 같은 사람들이 기혼인지 미혼인지, 아이가 있으면 가정과 양립을 어떻게 할 건지 물어보는데요. 투자자들이 남자 대표한테는 그런 거 잘 안 묻잖아요. 저는 결혼 3년 차고 아직 아이가 없는데요. 저도 사실 아직 그 부분에 대해서는 답을 찾지 못했어요. 요새 '아기 언제 가질 거야?' 같은 질문을 밖에서 듣는데요. 실제로 남성 대표들에 비해 투자를 받는 경우도 더 적다고들 하고요. 그런 부분이 안타까워서 스스로 더 사람들의 가능성이 되고 싶다는 생각이 들어요. '간호사가 창업해서 이렇게 100억 원대 기업도 만들 수 있어' 이런 느낌으로요."

Q. 본인이 생각하는 '좋은 직업'이란 무엇인가요?

A. 저는 남들한테 도움이 될 수 있는 직업이 의미가 있다고 생각해요. 제 나름의 가치관은 그래서 한때 승무원을 희망했던 것도 서비스직이니까 사람들을 도울 수 있다는 의미로 좋았고요. 간호사로 일하면 환자를 일대일로 도울 수 있는 것도 좋고요. 창업을 해서 제일 좋은 건 좋은 영향력으로 시스템을 바꿀 수 있다는 거예요. 전혀 해볼 생각조차 하지 못했던 일을 실제로 해볼 수 있다는 것도 좋고요. 아직은 드림널스가 완전하지 않은데, 사업으로서 더욱 영향력을 펼쳐서 간호사들이 더 나은 환경에서 일할 수 있게 바꾸고 싶어요.

3. ————

취미로만   그렸던   그림,
————————— 업이   되다:
규아,   원진

마음속에는 늘 그림이 있었는데 현주 작성

1987년생 규아 | 전직 초등교사 | 그림책 작가

교사를 사직하고 다른 일을 하는 사람들을 온라인에서 찾다가 우연히 규아의 기사를 접하게 되었다. 규아는 초등교사로 재직하며 교단에서의 이야기를 엮어 그림책『연필의 고향』을 출간하게 되었고, 그것이 계기가 되어 현재는 학교 밖으로 나와 그림책 작가로 활동하고 있다. 규아의 SNS 계정을 팔로우하고 하트만 누르고 있다가 놀라운 소식을 접했다. 규아가 쓰고 그린 그림책『그림자 극장』이 세계적 권위의 어린이 책 상인 '볼로냐 라가치상' 2023년 코믹스 부분 스페셜멘션을 수상하게 된 것이다. 기

쁜 소식을 보고만 있을 수 없기에 용기를 내어 규아에게 메시지를 보냈다.

"작가님, 볼로냐 라가치상 수상을 정말 축하드립니다! 저희는 직업을 그만두고 새로운 길을 걸어가는 여성들을 만나고 있는 서현주, 이슬기입니다. 인터뷰 가능하실까요?"

"안녕하세요. 김규아입니다. 축하해 주셔서 감사합니다. 인터뷰 의뢰해 주셔서 감사해요. 조금 생각할 시간을 주실 수 있나요?"

떨리는 마음으로 규아의 답장을 기다렸다. 권위 있는 상을 받은 '교사 출신 작가'의 삶이 어땠는지 너무나 궁금했기 때문이다. 기다림이 길어진다는 느낌이 들기 전, 회신이 왔다.

"제가 좀 낯을 가리는 편이긴 한데, '직때녀'라는 말이 흥미로워요. 함께 이야기하는 시간을 마련해 보도록 하겠습니다."

규아를 만난 것은 경기도에 있는 모 백화점 안 카페였다. 지하철과 연결되어 있어 유동 인구가 많은 곳에서 만난 규아는 반가운 인사로 우리를 맞아주었다. "집이랑 백화점이 멀지 않은데도 거의 올 일이 없어요. 인터뷰 덕분에 백화점에 오네요. 이런 오후 시간에 와도 카페에 사람이 많구나…" 낯을 가린다는 말에 어색하지 않을까 걱정했지만 규아는 편안해 보였다. 다시 한번 축하 인사를 건넸다.

"『그림자 극장』 잘 읽었습니다. 상상력이 돋보이는 어린이 친화적인 책이에요. 수상도 정말 축하드려요."

"감사합니다. 예상치 못한 수상 소식에 저도 깜짝 놀랐어요."

초등교사와 그림책 작가, 어딘가 모르게 잘 어울리는 지점이 있다. 어린이와 가까이하고, 어린이를 좋아하며, 어린이의 마음을 잘 알 것 같은 사람들. 그렇지만 그림책 작가는 어린이만 잘 안다고 될 수는 없다. 평범한 사람은 넘볼 수 없는 예술적 감각과 재능이 반드시 필요한 직업이기 때문이다. 규아가 교사로 일하면서 언제 책을 낼 만큼의 그림 실력을 쌓았는지 궁금했다. "어릴 때부터 그림 그리는 것을 좋아했어요. 학교 다닐 때 소심하고 말이 없는 편이었거든요. 시간이 날 때면 혼자서 그림과 글로 나만의 세계를 만드는 것이 정말 즐거웠어요. 마치 내가 신이 된 것같이 몰입되는 기분이 들었거든요." 어릴 때부터 해오던 것이라 그런 것일까. 규아의 작품에서 나타나는 상상력은 동심과 가까우면서도 어른이 읽기에도 편안하다.

"저는 원래부터 꿈이 일관되게 같았어요. 항상 만화가 아니면 디자이너. 미술 관련 계통만 꿈꿨거든요."

규아는 부모님의 강력한 권유로 미대 대신 교대에 진학했다. 미술을 좋아했던 규아에게 교대의 빡빡한 커리큘럼이 힘들지는 않았을까. "공부를 열심히 안 해서 나름대로 즐겁게 보냈어요. 1학년 교생 실습 하고부터 진로에 대한 고민은 계속 있었죠. 그러다가 교대에서 미술 표현과 관련된 수업을 들었을 때가 기억이

나요. 그때 가슴이 뛰는 거예요. 말로 표현할 수 없는 희열감, 잊고 있었던 내 길에 대한 느낌이 강하게 들었어요."

가슴 깊이 좋아하는 것을 늘 가지고 있었다면 대학 입시를 다시 도전했을 수도 있었을 텐데 규아는 고민하는 데에 많은 시간을 보냈다. "제가 만약에 대차고 진취적인 성격이었으면 중간에 진로를 틀었을 수도 있어요. 내가 하고 싶은 게 미술인 건 알겠는데, 괜찮을까 생각하고 주저주저하는 시간이 꽤 길었죠. 교생실습이 1, 2학년 때는 거의 관찰만 하잖아요. 그때까지는 괜찮았어요. 그런데 3, 4학년 때 본격적으로 수업을 하니까 제 안에서 갈등이 심해지더라고요. 아이들의 동기를 유발해서 가르침을 주어야 한다는 근본적인 부분이 저에게는 물음표였어요. 학교에서의 생활도 답답할 거라고 생각이 되었고요."

나는 교사의 직업적 안정성을 보고 교대에 갔기 때문에 교사가 내 성격에 맞을 거라고 기대하지는 않았다. 막상 해보니 아이들을 가르치는 것도 즐거웠고 교사로서의 삶도 나쁘지 않았다. 교실에서는 아이들이 모두 내 말에 집중해 주는 것도 참 고마운 일이었다. 그럼에도 불구하고 다른 요소들 때문에 학교를 떠났다. 그런데 규아는 대학 시절부터 가르치는 사람이라는 교사의 정체성에 물음표를 품고 있었으니 많이 외로웠을 것이다.

"주변에서 늘 그렇게 말했어요. '막상 해보면 만족할 것이다. 지금은 제대로 해본 것이 아니기 때문에 그렇게 판단을 하는 것은 이르다.' 저는 그런 얘기를 들으면 또 설득이 되는 거예요. 아직 학교 현장에서 제대로 안 해봤으니까, 교생 실습만 가지고 판단하는 것을 이르다 생각했어요. 또 내가 그림에 얼마만큼 재능이 있는지도 잘 몰랐으니까, '내가 허황된 꿈만 꾸고 있는 것일 수도 있다' 생각하며 스스로를 달랬어요."

교직에 대한 고민을 가지고 본 첫 임용고시에서 규아는 낙방을 했다. "어차피 시험에 떨어졌으니 차라리 잘됐다 싶었어요. 그래서 부모님께 다른 쪽으로 해보고 싶다고 말씀드렸어요. 그때는 진짜 거세게 엄청 뭐라고 하셔서 갈등이 되게 심해졌어요. 제가 갈등 상황을 힘들어하고 피하고 싶어하는 성격이라 경제적으로 독립을 해야겠다 싶더라고요. 그러려면 임용을 붙는 수밖에 없으니 또 열심히 공부한 거죠."

교사가 아니면 안 된다는 부모님의 말씀을 거역하기가 힘들었던 규아는 그렇게 맞지 않는 옷을 입은 채로 교사 생활을 시작했다. 규아는 매일 자기 혼자만의 시간에는 불편한 옷을 잠시 내려놓고 쉬었다. "퇴근하고 좋아하는 음악 들으면서 그림 작업하는 두세 시간이 저에게는 오아시스였어요. 저에게는 너무 생명줄 같은 시간이었거든요."

규아는 학생들에게도 최선을 다했다. 학생들이 직접 쓴 시에 규아가 그림을 그려, 시집을 기획하고 만든 경험이 있다. 크라우드펀딩 플랫폼인 텀블벅에서 공개 후원까지 받아 독립출판 프로젝트를 완성시켰다. 수익금은 기부했다. "시집 만들었던 과정이 아이들의 기억에 크게 남았었나 봐요. 한 번씩 스승의 날에 연락 주는 학생들이 그때 참 좋았다고 얘기하더라고요."

Q. 언제 결정적으로 사직을 결심하셨나요?

A. 교사 하면서 내가 좋아하는 것들을 병행해서 행복하게 할 수 있는 쪽으로 가려고 최선을 다했어요. 최대한 버텼어요. 버티고 버티다 보니 몸에서 신호가 오더라고요. 힘든 증상들이 나타나기 시작했어요. 그동안은 괜찮은 척 버텼는데 괜찮은 척을 하기가 힘든 상태가 되었어요. 학교에 있는데 너무 숨이 안 쉬어지는 거예요. 다른 사람들이 있을 때는 티를 낼 수는 없으니까 일단 참아요. 그러다가 애들이 하교하고 모두 교실에서 빠져나가고 나면 갑자기 눈물이 막 나는 거예요. 그래서 텅 빈 교실에서 혼자 엉엉 울고, 선생님들 몰래 혼자 울고, 좀 힘든 느낌이 들 때는 혼자 화장실에 숨어 있다가 울고 그랬어요.

그렇게 규아는 8년 차에 사직을 결심했다. 사직 직전 해는 질병 휴직으로 보냈다. 공황장애에 의한 휴직이었다. 사직을 결심하고 규아는 아이들과 함께가 아닌 혼자서 만든 첫 작품을 독립출판으로 세상에 내놓았다. "엉성했지만 모든 것을 제 손으로 직접 만들었어요. 독립책방에 입고도 해보고요." 그 독립출판물이 계기가 되어 규아는 그림책 작가가 될 수 있었다. "교직을 그만둘 당시에는 내가 그만두면 당연히 기간제 교사를 돈벌이로 해야겠다 생각을 했어요. 그런데 사직과 거의 동시에 우연히 정식 출간 제의가 들어왔어요. 사직할 때 정말 하고 싶은 걸 1순위로 두는 삶을 살아보고 싶다는 마음이었는데, 바라던 대로 창작에 몰두하는 나날들이 예상보다 훨씬 많이 주어졌음에 신기하고 감사해요. 시간이 흐른 지금에 와서는 교직의 경험이 감사하게 생각되기도 하고요."

Q. 수입이 불안정한 프리랜서의 삶이 불안하진 않나요?
A. 교사 월급처럼 따박따박 들어오지 않아서 많이 불안정하죠. 근데 제가 저 스스로를 보살필 정도는 되어요. 엄청 많지는 않지만 이 정도면 살 만한데 하는 거죠.(웃음) 대책 없어 보일 수도 있지만 잘되겠지 생각하고 지내다 보면 일이 또 들어오고 그래서 생활고를 겪지는 않고 있어요.

예술 하는 사람은 배곯기 십상이라는 이야기가 만연해 있어서 어쩐지 규아가 걱정이 되었다. 안정적인 교사라는 직업에서 프리랜서로 옮겨 간 규아의 일상이 흔들거리고 있지는 않을까 싶어서. 규아는 우리의 염려와는 다르게 단순하면서도 편안함이 느껴지는 대답을 들려주었다. "수익은 불안정하지만 제 시간을 자유롭게 운용할 수 있다는 것에서 오는 풍요로움과 충만함이 매우 커요."

Q. 주변에 교사를 꿈꾸는 사람이 있다면 어떤 얘기를 해주고 싶으세요?

A. 교사를 꿈꾸는 것이 정말로 본인의 마음에서 우러나온 것인지 미래에 대한 불안감이나 주변의 권유 때문에 선택을 한 건지는 생각을 해볼 필요가 있죠. 초등교사가 일등 신붓감이라는 얘기도 들을 때마다 기분이 나빴거든요. 왜냐하면 신붓감 1위인데 주변의 교사들 직업만족도는 낮아서 아이러니하다는 생각이 들었어요. 여자에게 좋은 직업이라는 말은 달리 얘기하면 배우자 입장에서 좋은 직업이라는 것 아닐까요. 여성이 결혼했을 때 육아나 집안일을 병행하기에 좋은 직업이라는 의미 같아요. 아니면 뭔가 좀 더 도전할 일이 별로 없는 사람에게 권하는 직업인 거죠. 제가 교대 붙고 고등학교 졸업할 때 다른 반 선생님 한 분이 이렇게 말씀하셨어요. '이제 시집만 잘 가면 되겠네.' 기분이 안 좋았어요. 열아홉, 내일모레 스무 살짜리한테 그리 말씀하신 거죠. 앞으로의 내 삶의 목표는 그냥 결혼인 건가, 내가 교대를 가는 것은 결혼을 잘하기 위해서로 정의되는 것 같아서 기분이 별로였어요.

Q. 규아가 생각하는 좋은 직업이란?

A. 자신만의 가치관을 지킬 수 있는 직업이요. 제 삶의 중심 가치는 '자유'이고, 그것을 최우선으로 두고 사는 지금이 좋아요. 좋은 직업은 본인의 가치를 최대한 펼칠 수 있는 것 같아요. 나다울 수 있는 직업. 제가 공황장애를 겪었었잖아요. 누가 그러더라고요. 공황이 오는 게 지금의 내 모습으로는 도저히 죽을 수가 없어서 올라오는 감정이라고요. 나로 살고 있지 않았기 때문에 왔던 것 같아요.

다행히 과거 겪었던 공황장애 증상은 사라진 상태라고 한다. 규아의 밝게 웃는 모습 뒤에는 한껏 여유로운 마음마저 느껴졌다.

Q. 프리랜서로 지내시는데, 담대함과 여유로움은 어디서 오나요?

A. 사실 엄마가 2022년에 갑자기 돌아가셨어요. 많이 지쳤었고 깨달음도 많이 얻었어요. 힘든 와중에 수상 소식을 들으니까 엄마가 준 선물 같은 느낌도 들면서 '삶이 웃기다'는 생각이 드는 거예요. 삶이라는 게 완벽한 게 없잖아요. 어떤 삶이든 다 힘들고 괴로운 게 있는데, 그게 나한테 알맞은 멋진 흐름으로 가지 않을 때 되게 괴로운 거고요. 딱 봤을 때 저 사람 삶이 되게 좋아 보이지만 내가 정작 그 삶을 살았을 때는 아닐 수도 있고 그렇잖아요. 그래서 다른 사람을 부러워할 필요도 없고요.

내가 나한테 지금 힘든 일이 있다면 그 힘든 일도 일어나야 하니까 일어나는 거라고 생각해요. 세상에 되게 좋기만 한 일도 없고 나쁘기만 한 일도 없고 정말 그런 것 같아서요. 어떤 일이 일어나든지 잘해나갈 수 있겠다는 믿음이 조금 생긴 것 같아요. 소소하게 삶의 흐름에서 느끼는 것들, 뭐가 됐든지 내맡기면서 살자라는 생각을 요즘 좀 많이 하고 있어요. 10년 전에는 내가 그림 쪽이랑 뭔가 비슷한 일이라도 해봤으면 좋겠다 갈망만 있었는데, 어느 순간 이런 쪽으로 커리어를 쌓고 있는 것이 그저 감사한 거예요. 그래서 그냥 지금 주어진 삶에서 최선을 다하면서 살아야겠다, 그렇게 생각하고 있어요.

'취업 잘되는 직업' 찾다 이제는 같이 가는 길로 슬기 작성

1993년생 원진 | 충남의 한 대학병원 중환자실 간호사로 1년 근무, 개인 병원에서 3년 근무 | SNS에 <간호사 비자가 그리는 병원툰> 웹툰 연재 | 『리얼 간호사 월드』등 책 3권 출간

원진(31)은 SNS '셀럽(셀러브리티)'이다. '간호사 비자가 그리는 병원툰'이라는 이름의 인스타그램 계정은 팔로워만 12만 1,000여 명에 달한다. 『리얼 간호사 월드』, 『간호사 마음 일기』, 『내 마음은 누가 간호해 주나요?』 같은 3권의 책을 내기도 했다.

원진이 간호사들의 병원 사연을 받아 그린 웹툰은 많은 이들의 공감을 얻고 있다. 나와 현주도 그가 낸 책『간호사 마음 일기』를 읽고 원진을 만나기로 결심하게 됐다.

정확히는 원진은 '직때녀'가 아니다. 지금은 간호사 일을 쉬고 있지만 언제건 다시 돌아갈 수도 있다 여긴다. 그의 그림에서 간호사로서의 생활은 필수 소재이기 때문이다. 간호사로서, 또 웹툰 작가로서 살고 있는 원진을 그가 사는 충남 천안에서 만났다.

원진은 '취업이 잘된다'는 말에 고3 때 친구들 따라서 간호학과에 지원했다. 당시에도 학교에서 쉬는 시간 틈틈이 친구들 캐리커처를 그려주며 미술에는 관심이 있었지만 그림으로 먹고살 거라는 생각은 감히 하지 못했다. 미대에 가기 위해서는 그림도 잘 그리는 한편으로 수능도 잘 봐야 한다고 들었기 때문이다. 그렇게 충남의 한 사립대 간호학과에 입학했다.

대학 4년 생활은 고등학교의 연속 같았다. "고등학교 생물 시간이 길어진 느낌이었어요. 같은 과 애들끼리 듣는 커리큘럼이 다 똑같기 때문에 하루 종일 붙어 있고요. 어차피 간호 국가고시를 치기 위해 쭉 달려가는 곳이라서 휴학할 일도 없죠."

4년을 쭉 달려 스트레이트로 졸업한 후, 원진은 충남의 한 대학병원의 중환자실에서 일하게 됐다. 원진을 가장 괴롭힌 것은 3교대 근무 시스템이었다. 세 타임 중 어느 시간에 일하게 될지는 전적으로 수간호사의 결정에 달렸다. "간호사들의 스케줄은 수간호사한테 맡겨놓고 '펑크'만 안 내면 된다는 식이에요. 수 샘 (수간호사)한테 좀 잘 보이고 그러면 줄을 대서 데이 쭉 하고 그럴 수도 있겠지만 그런 경우는 드물고요. 왜냐하면 좋아하는 사람한테 시간을 몰빵을 해주고 싶어도 절대적인 인원 자체가 안 되는 경우가 많거든요." 퇴근하고 집에서 우울해하다 출근하는 삶이 반복되는데 이 일을 20년, 30년 겪은 선배들처럼 살 수는 없겠다는 게 원진의 생각이었다.

결국 1년여 만에 대학병원에서 퇴직한 후, 작은 정형외과 의원에서 일했다. 여기서는 '태움'이라는 걸 몸소 겪었다. "수술 준비에 들어가면 수술 도구 하나하나 불편하리만치 물어봤어요. 물론 신규 때 그렇게 물어보는 게 맞는 것일 수도 있지만 너무 과하게 말꼬투리를 잡는 느낌이었어요. 주변에 있는 다른 샘들도 뭐라고 할 만큼요." 그곳에서는 3년을 버티다 결국 2022년 초 그만뒀다.

인스타그램에서부터 시작한 웹툰은 처음 간호사 생활을 시작하던 시기인 2016년서부터 그렸다. "처음에는 제 얘기로, 제 팔로워들인 간호사 동료들이 공감을 좀 해줬으면 좋겠다는 취지로 시작했어요. 그러다가 반응이 좋아지니까 사연을 받아서도 그리게 됐는데요. 어디든 참 간호사 사회는 변한 게 없구나 싶더라고요. 제가 대학병원 다닐 때도 20년 차 선생님이 '20년 전이나 지금이나 변한 게 없다'고 그랬거든요. 병원은 사실 고인 물이라… 시대의 변화에 맞춰서 빨리빨리 변화할 필요가 없잖아요. 그나마 서울에 있는 큰 병원 같은 데서는 여러 실험적인 걸 하는데 나머지는 안 해도 되죠. 할 필요가 없으니까." 병원을 관두고 쉬고 있는 요즘은 간호사에 관한 웹툰 외에도 기업 광고 등을 의뢰받아 웹툰으로 그리기도 한다.

원진은 아예 만화가 주업이었다면 지금 같은 인기는 얻지 못했을 거라 여긴다. "제가 간호사 만화를 그리기 때문에 사람들이 본다고 생각하거든요. 그리고 만화만 했으면 제가 보는 세계가 엄청 좁았을 거 같아요. 병원에서는 가정 형편이 어렵거나 집이 화목한 사람, 막장인 사람들 등 사연 있는 사람들을 다 보니까 오히려 간호사 일을 했던 게 만화를 그리는 데 재료가 돼요."

간호사 사회를 그리면 그릴수록 깊어가는 고민도 있다. 간호사들의 애환을 달래주되 간호사를 간호사들끼리, 혹은 환자나 보호자와 갈등을 빚는 존재로만은 다루고 싶지 않기 때문이다. "사람들이 이거를 꽤 보다 보니까 이제 부담이 좀 생겨요. 간호사들이 다투는 내용을 그리다 보면 결국에는 돌아오는 반응이 '여자들끼리 왜 저런대?', '여초 직장이라서 그런가 봐' 같은 거더라고요. 이젠 좀 간호사들끼리 으샤으샤 하는 만화를 그려봐야 하지 않을까 하는 고민을 하고 있어요."

간호사를 꿈꾸는 후배에게 원진은 사명감 같은 거창한 명분보다는 보다 자기를 위한 이기적인 이유에 집중하라고 말한다.

"뭐 때문에 간호학과에 오고 싶은지 다시 한번 생각을 해보라고 말하고 싶어요. 사명감이나 어떤 환상 때문에 오려고 마음먹으면 일찍 지칠 수 있고요. 오히려 그냥 '취업 잘하는 일을 하고 싶다' 처럼 간단한 이유로 오게 된 애들이 오래 버티더라고요."

4. ────

팍팍한 현실 속,
──── 나를 보듬으며 사는 법:
승희, 수정

'성덕'이라고 좋아했는데··· 미래가 안 보였어요 슬기 작성

1988년생 승희(가명) | 경력 9년의 전직 시사·교양 프로그램 작가 | 현직 뷰티 회사 마케터

승희(36·가명)는 성인이 된 이래 나와 가장 가까이서 서로의 삶을 목도한 사람이다. 나의 대학 동기인 승희는 경상도에서 물 설고 낯선 서울로 유학 온 서사, 함께 버텼던 긴 취업 준비 기간, '취뽀' 이후에도 계속되던 직업에 대한 회의 등으로 20대 이후 거의 모든 삶의 바이오리듬이 오르락내리락을 반복하며 짠내 나는 시절을 함께 견뎠다.

『직업을 때려치운 여자들』을 준비하며 여초 직종의 하나로

방송작가를 떠올린 데는 승희의 공이 컸다. 전직 시사·교양 프로그램 작가인 승희도 '현직 직때녀'로 지금은 화장품 회사에서 마케터로 일한다. 대기업 취업을 준비하던 승희가 방송작가가 된 데에는 나의 공(?)도 컸다. 당시 기자를 준비하면서 온라인상의 언론사 지망생들을 위한 커뮤니티를 들락거리던 나는 어느 날 승희가 좋아하던 종합편성채널의 시사 토크 프로그램에서 막내 작가를 뽑는다는 공고를 봤다 별생각 없이 승희에게 '휘릭' 넘겼는데 그걸 본 승희가 "나 이거 넣어봐야겠어" 했을 때는 링크를 보낸 내가 되레 놀랐다. 그렇게 승희가 덜컥 방송국의 막내 작가가 된 게 2013년. 이후 2021년 말에야 승희가 방송국을 떠났으니까 그 세월이 꼬박 8년이 됐다.

인터뷰는 현주과 함께 '줌'으로 진행했다. 실시간으로 보고 듣던 친구의 삶을 한 발자국 떨어져 들으려니 기분이 묘했다. 아마 승희도 비슷한 심정이었을 거다. 인터뷰는 반말과 존댓말을 오가며 오락가락했다.

Q. 왜 방송작가라는 직업을 택했나요?

A. 이 친구(슬기) 얘기를 안 할 수가 없는데… 사실 대학 때는 되게 막연하게 '방송작가도 괜찮겠다' 이 정도였고 구체적으로 생각해 본 적은 없었어요. 대학 4학년쯤 되니까 그냥 남들 다 하는 직업, 문과 출신으로 할 수 있는 홍보나 마케팅 쪽 직

군을 생각하고 있었는데요. 종편의 시사·교양 프로그램을 보다가 제가 되게 좋아하는 심리학 교수님이 패널로 나오는 걸 알게 돼서 열심히 보게 됐죠. 시청자로서 애청하던 그 프로그램에서 어느 날 공개 방송 방청객을 뽑아 실제 방청할 수 있게 해준다길래 실제로 거기 나오는 앵커도 보고 싶고 방송국을 한번 보고 싶은 마음에 지원을 했다가 덜컥 됐어요. 나중에 듣고 보니 젊은 사람들은 종편을 거의 보지 않는다는 이미지가 있어서 대학생이 지원한 걸 되게 특이하게 생각했대요. 그때 가서 방청객으로서 질문도 하고 나름 열심히 했는데 나중에 슬기가 그 공고를 보여준 거예요. 지금 생각하면 어떻게 그런 용기가 났는지 모르겠는데 너무 지원해 보고 싶어서, 밤을 새서 자소서를 작성해 보냈어요. 그러곤 한동안 연락이 없어서 다른 회사에 지원했다 합격해서 일하고 있는데 거기서 전화가 오더라고요. '방송작가 경험도 하나도 없고 방송 아카데미 출신도 아니라 사실 써주기는 힘들었는데 대학생으로 직접 방청도 오고 그걸 이력서에 어필한 게 기억에 남았다'고요. 그렇게 일을 시작하게 됐죠.

작가 일을 시작하던 초창기 승희의 모습은 '성덕 그 자체'였다. 본인 스스로도 얘기하듯 "'일에 대한 깊이 있는 고민보다는 그저 그 프로그램을 가까이서 보고 싶다' 하는 순수한 열정"에서 비롯된 일이었다. 그렇게 발을 담근 이후로 서브 작가로까지 8년이나 일을 이어오게 된 데는 방송 일 특유의 익사이팅exciting 한 면이 크게 작용했다. "처음 일 시작할 때 앵커님이 '이쪽에 한 번 발 담근 사람들은 딴 데 가서 일 못 한다'고 얘기를 했는데요. 일반 회사 생활을 하면 접하기 힘든 어려운 사람들(유명 셀러브리티 등)도 많이 보고, 매일매일 다루는 주제도 달라지고 하니까요. 저는 이제 업계에서 볼 장 다 보고 (일반 회사로) 넘어와서 그럴 수 있는데 한 2~3년 하다가 다른 회사로 넘어갔으면 되게 지루하다는 생각을 많이 했을 거 같아요."

작가들이 말하는 방송 일의 공통점은 '일 자체는 재밌다'는 것이다. 그러나 일견 화려해 보이는 방송 일의 실상은 각박했다. 당장에 승희네 부모님부터 걱정을 했다. "제가 갑자기 막 불나방처럼 작가를 한다고 하니까, 엄마가 인터넷에 작가 처우 같은 걸 찾아보셨나 봐요. 그랬더니 '막내 작가는 한 달에 70~80만 원 받으며 일한다더라' 이런 게 나와서 저한테 작가 하지 말라 그랬어요. 제가 다니던 곳이 막내 작가치고는 페이가 많았지만, 전에 잠깐 다녔던 회사보다는 적었기 때문에 더욱 만류하셨죠. 그리고 막내 작가직에 합격해서 당시 프로그램 앵커님하고 처음 인사할 때 그분이 했던 말이 기억나는데요. 앵커님이 저랑 이력서를 번갈아 보더니 '혹시 4대 보험이 안 되는 직업이 어떤 의미인지 아냐'고 물어보는 거예요. 그러면서 '너는 영어 성적도 있고 그러니까 무역회사 같은 데서 일하지 왜 이 일 하려고 하냐'고 하시더라고요. 당시에는 그런 얘기가 귀에 안 들어왔는데 나중에 그 말이 계속 생각났어요."

승희는 방송작가가 되기 직전 작은 잡지사에서 마케터로 잠깐 일했다. 거기서 한 달여 일하고 있던 와중에 입사 직전 지원했던 방송 프로그램에서 '막내 작가 합격' 통지를 받은 셈이다. 승희는 다니던 잡지사를 그만두고 작가가 된 이유에 대해 "작가가 훨씬 '있어빌리티'가 있는 직업이라 생각했고, 내가 좋아하던 프로그램의 작가직이었기 때문에 그런 얘기(우려의 목소리)가 귀에 안 들어왔다"라고 했다. "제가 생각하기엔 그래도 남들이 들었을 때 '아, 그 회사' 이런 게 있어야 했는데 그런 게 없는 곳이었고요. 방송작가는 버는 돈은 적어도 '어디서 일한다' 그러면 다들 아는 게 좋다고 생각했어요. '누구누구랑 같이 일한다' 이런 게 있으니까."

승희가 생각하는 방송작가의 가장 큰 장점은 사회 각계각층의 다양한 사람들을 만날 수 있다는 것이다. 국회의원부터 군사독재 시절 연필 한 자루 때문에 살인 누명을 쓰고 억울한 옥살이를 한 할아버지, 북한에서 전직 외교관이었던 탈북민부터 연예인까지… "일반 회사 다니면 그렇게 다양한 사람들을 보는 게 거의 불가능하잖아요. 그런 분들의 얘기를 직접 들으면서 세상을 보는 견해가 넓어지고… 그런 것들은 개인적으로 큰 자산이 됐는데요.

미디어 업계에서 누릴 수 있는 장점인 거 같아요."

승희가 작가 일을 그만둔 것은 결국 처우 때문이었다. 시간이 지날수록 일반 사기업에 취업한 친구들과의 연봉 격차가 느껴졌다. "사실 시작점은 비슷했다 하더라도 나중에 4~5년 차쯤 되니까 모은 돈의 규모가 많이 달라지더라고요. 걔네들은 어쨌든 일을 그만두면 퇴직금도 있는데 전 그런 것도 아예 없고요. 방송 작가의 경우에는 한 군데에만 오래 있을 수가 없는데 그 이유가 일반 사기업의 정규직이면 해마다 연봉 협상을 하겠지만 작가들은 직장을 옮기면서 자기 몸값을 올리는 수밖에 없어요. 계속 다른 프로그램으로 1~2년에 한 번씩 옮기는데 다른 곳에 공고 난 것 없는지 매번 알아보고 또 적응하는 게 힘들었어요." 그렇게 승희는 9년 동안 7개 프로그램을 전전했다.

대우는 프리랜서면서, 일은 정규직처럼 시키는 관행도 해를 거듭할수록 더욱더 참을 수 없는 요소였다. "진짜 프리랜서처럼 부리려면 건당 돈을 주든가, 일을 더 시키면 엑스트라 페이(추가 수당)를 줘야 하는데 그런 게 없어요. 일은 정규직처럼 시키면서 막상 정규직이 누릴 수 있는 베네핏(4대 보험이나 보너스 수당, 연차 등)은 없고요."

'미래가 없다'는 점도 나이를 먹을수록 뼈에 사무치게 와닿았다. 자료 조사와 잔심부름 등을 담당하는 막내 작가의 수는 많지만, 서브-메인으로 올라갈수록 사람은 급격히 줄어든다. "이게 피라미드 구조여서… 메인으로까지 올라가기가 쉽지가 않고요. 요즘에는 워낙 나이가 들어도 일을 하고 싶어 하기 때문에 더더욱 메인 자리는 잘 안 나죠. 그래서 서브로 일하다가 다른 길을 모색하는 사람이 많다고 들었어요."

승희는 9년 차에 작가 일에서 중도하차 했다. 2021년 말, 승희가 일을 그만두고 다른 일을 찾아보겠다고 했을 때 나 또한 만감이 교차했다. 내가 수습 기자로 경찰서에서 숙식을 하던 2014년 초, 나는 승희네 집에 얹혀산 적이 있었다. 당시 승희는 국제 시사 프로그램의 막내 작가로 막 들어간 상태였는데, 전 세계에서 쏟아지는 영상들을 글로 요약 정리할 프리뷰어들을 섭외하고, 관련 문서들을 정리하는 게 승희의 몫이었다. 정리하고, 정리하고 또 정리하다 방송국 화장실 한편 청소노동자들의 휴게실에서 쪽잠을 자고 다시 일에 복귀하며 하루하루를 보냈다. 그러다 주말에 나와 만나는 날이면, 서로 손 부여잡고 엉엉 울었던 기억이 난다. "왜 우리는 집에서 잠을 잘 수 없는 걸까" 하며.

2021년 12월, 당시 근무하던 라디오 시사 프로그램을 그만둔 승희는 고향인 경남 통영으로 내려갔다. 가족들도, 승희 자신도 이번에는 고용 안정성이 보장되는 직업을 알아보자고 굳게 마음먹었다. 그러다 방송작가들만 3,000명 이상 들어가 있어서 서로 취재원 연락처도 나누고, 일자리 소식도 나누는 오픈카톡방에서 새 일자리를 만나게 됐다. "거기에 누가 글 올렸는데 '작가님들이 꼭 방송국 말고도 역량을 펼칠 곳은 많다'며 어떤 뷰티 회사를 소개하더라고요. 뷰티 회산데 작가 출신의 마케터를 뽑고 있대요. 정규직 자리고, 4대 보험은 당연히 된다면서 회사에서 누릴 수 있는 여러 복지를 소개하더라고요." 승희는 서른네 살에, 뷰티 회사의 마케터로 전직을 했다.

승희는 '신상' 화장품의 소셜미디어·웹툰 광고 등의 카피를 쓰는 일을 주로 한다. 마케터로 산 지 2년째, 지금까지는 일에 만족한다. 특히 고용 안정성과 복지 측면에서. 작가로 일하면서는 한 번도 연차나 남들 다 가는 여름·겨울 휴가는 누려보지 못했고, 프리랜서 신분이라 '언감생심' 은행 대출은 꿈꿔보지 못했다. "작가는 따로 연차가 있거나, 사정이 있다고 쉴 수 있는 성격의 직업이 아니었는데 여기는 한 달 일하면 하루 쉴 수 있어요. 지금 생각하면 '내가 예전에 어떻게 일했지?' 싶을 정도예요. 지금 이사 갈 새집을 찾아보고 있는데, 이번에는 은행에서 전세 대출을 받아보려고요."

방송작가를 꿈꾸는 이들에게 전하고 싶은 말을 물었다. 예를 들어 내 동생이 작가를 하려고 한다면? "'방송작가는 절대 글만 쓰는 직업이 아니다. 차라리 방송 일에 관심이 있으면 PD를 준비하라'고 얘기하고 싶어요." 결국 작가 일을 그만두는 것은 다 부당한 처우에서 비롯되는 것이니만큼, 방송 일을 하고 싶다면 작가보다 비교적 정규직 일자리가 많은 PD에 지원하거나 글을 쓰고 싶다면 아예 방송 바깥에서 찾아보라는 얘기다. 누구보다 방송작가 일을 사랑했지만, 떠날 수밖에 없었던 승희의 현실적인 조언이었다.

나를 지키며 현실을 좇는 일의 어려움 슬기 작성

1988년생 수정(가명) | 어린이집 교사 경력 총 4년 | '라디오 작가'라는 꿈을 이루기 위해 문예창작과 재입학 | 현재 취업 준비 중

수정(36)은 고등학교 2·3학년 모두 같은 반이었던, 나의 오랜 친구다. 집에서 떨어진 부산 소재 대학에 진학하길 희망했지만 실패했고, 전공도 부모님 의견에 따라 졸업 후 보육교사, 청소년 지도사, 사회복지사 자격증이 모두 나온다고 알려진 2년제 대학의 아동청소년복지과로 진학을 했다. 학교를 졸업하고 어린이집 교사가 된 수정이, 돌연 다시 대학 입시를 준비하겠다고 했을 땐 나도 좀 놀랐었다. 직장 생활을 하다 말고, 다시 수능 공부를 해 대학에 들어가겠다고 하는 결심 자체가 나로선 상상이 안 갔기 때문이다. 그러나 수정의 결심은 확고했고, '라디오 작가'라는 꿈에 가까운 문예창작과로 입학을 했다.

늘 꿈을 찾는 여정에 진심이었고, 돌아갈지언정 물러서지는 않았던 사람이 수정이었다. 그러던 수정이 다시 돌아간 대학을

중퇴하고 다시 보육교사의 삶으로 돌아갔을 때 적잖이 당황했었다. 그리고 다시 어린이집으로 돌아간 수정과는 연락이 잘 닿지 않았고, 다시 연락이 닿게 된 건 비교적 최근의 일이다.

• 보육교사의 '소포모어 징크스'… 다시 라디오 작가를 꿈꾸다

Q. 네가 대학 때부터 키즈카페 알바도 많이 하고 비교적 애기들이랑 친숙한 편이었잖아. 그래도 직접 보육교사를 해보니 '내 생각과는 달랐다' 하는 부분이 있어?

A. 많이 달랐지. 어린이집 일을 수박 겉핥기식으로 생각을 했던 것 같아. 학교에서 교수님들한테 듣는 거 이상으로 훨씬 힘들었어. 여초 집단이기 때문에 여자들(교사들) 간의 기 싸움도 생각보다 많고. 많은 아이들을 컨트롤하는 한편, 학부모님들하고 자연스럽게 대화를 해야 하고… 교사한테 하루에도 수많은 일들이 쏟아지기 때문에 처음에는 그걸 다 쳐내기가 힘들었어.

Q. 좀 적응된 후에는 어땠어? 네가 많이 힘들어했던 게 기억나는데.

A. 일단 체력적으로 너무 힘들었어. 오전 8시 전부터 아이들을 차량에 태워서 등원시키고, 오후 7시 이후에 하원 차량까지 한 번 돌리고 집에 오면 너무 피곤했고. 집에 와서도 남은 서류 작업을 해야 해. 어린이집 평가 인증제도(어린이집의 질적 수준

관리를 위해 보건복지부가 지난 2005년부터 시행한 제도)를 대비해서 보육 일지나 생활기록부 같은 서류들을 준비해야 하거든. 그렇게 맨날 야근하니까 체력이 떨어져서 사람이 예민해져.

또 우리 일의 특성상 휴식 시간이 제대로 없잖아. 애들을 신경 써야 하기 때문에 점심은 5분 만에 비우고, 내가 자리 비울 때 애들이 다치기라도 할까 봐 화장실을 편하게 가기도 힘들어. 그래서 다들 직업병으로 위염이나 방광염은 달고 사는데 병원 가는 것도 되게 눈치 보였어. 애들이 다치면 내 잘못이 아니더라도 우리 반에서 일어난 일이니까 학부모님들한테 전화해서 죄송하다 하고. 그러면 또 말도 안 되는 요구를 하거나 억지를 부리는 진상 부모님들이 있는데, 그런 것에 대해서 어린이집에서는 웬만하면 교사가 참아라 하는 주의니까… 스트레스 많이 받았지.

어린이집 교사로 처음 일했던 2009년 당시, 첫 월급은 100만 원이 채 되지 않았던 것으로 기억한다. 이후 받았던 월급은 110~120만 원 사이였다. 하루 12시간이 넘는 근로 시간에 동료 교사와 아이들, 학부모와의 관계에서 오는 스트레스 등으로 '2년 차 보육교사' 수정이 '소포모어 징크스(첫해에 비해 2년 차에 슬럼프를 겪는 것)'를 극심히 겪던 어느 날이었다.

"그때 우리 집에 되게 큰 변화가 있었어. 엄마, 아빠한테 그 변화가 생기면서(수정은 부모님의 이혼을 이렇게 표현했다) 그때 정말 죽을 듯이 힘들었거든. 그때는 내가 어떻게 출퇴근을 했었는지도 사실 잘 기억이 안 나. 집에 영혼을 두고 몸만 왔다 갔다 하면서 어느 순간부터는 솔직히 죽고 싶다는 생각을 매번 하면서 출근했었어. 버스 기다리면서 '저 버스에 치여서 죽으면 출근 안 해도 되지 않을까' 그런 생각을 했던 위험한 시기가 있었지. 그러다 보니 내가 이 마음으로는 이 일을 하면 안 되겠다는 생각이 들더라고. 내가 살려고 일하는 건데 정반대로 가라앉는 느낌이 드니까. 또 이 일을 선택한 것 자체가 나의 주체적인 결정이 아니었으니까. 일하면서 항상 내가 하고 싶은 일을 꼭 해야겠다는 갈증이 생기더라고. 그때 나랑 같이 들어왔던 동료 교사가 1년 만에 그만두면서 간호조무사로 전직을 했거든. 아예 다른 진로를 찾아가는 분을 보면서 나도 못 할 거 없겠다는 생각이 드는 거야. 그래서 정말 내가 해보고 싶었던 걸 성공을 하든 안 하든 한번 해봐야겠다고 딱 마음을 먹었어."

수정이 평생에 해보고 싶었던 건 라디오 작가였다. 고등학교 때도 야자 시간에 라디오를 열심히 듣던 수정의 평생의 꿈. 그걸 이루기 위해서는 문예창작과를 가야 하는 줄 알았고, 그렇게 꼬박 또 1년을 대입에 힘 쏟은 끝에 이듬해 창신대 문예창작과에 수시로 합격했다. 그러나 그곳도 1년만 다니고 2학년에는 등록

하지 않았다.

"공부할 때는 재미있는데 그걸 취업으로 연결 짓기까지는 대학 공부만으로 안 되겠다는 생각이 드는 거야. 방송작가는 또 아카데미 같은 곳에서 많이 배출되는데 그런 곳은 돈도 많이 들고 뽑히기도 정말 힘들고. 내가 이제 돈도 벌어야 하는데 이걸 하다가는 빨리 돈을 벌 수 없겠다, 시간 낭비만 하고 있을 수도 있겠다는 생각이 들어서 딱 1학년까지만 하고 2학년은 등록을 안 했었어."

• '꿈을 찾아갔지만 더 할 수는 없겠다…'

수정은 그 대목에서 "현실을 깨달은 거지. 꿈을 찾아갔는데, 더 할 수는 없겠다는 생각이 드는 거야"라고 했다. 담담할 수만은 없는 얘기를 수정은 담담하게 말했다.

이후 수정은 다시 어린이집 교사 자리를 알아봤지만, 찾아주는 곳은 없었다. 도합 2년간의 공백을 마뜩잖아들 한 탓이다. 그러던 어느 날, 수정이 알바를 하던 곳에 손님으로 온 옛 동료 교사를 맞닥뜨리게 됐다.

"그때 DVD방에서 알바를 하고 있었는데, 마침 거기에 어린이집에서 동료로 같이 일했던 선생님이 오신 거야. 처음에 알은 척하기가 좀 그래서, 못 본 척을 했는데 바로 날 알아보고 인사를 하시더라고. 곧 신학기 되면 어린이집에서 교사들을 새로 뽑는데, 혹시 다시 올 생각 있냐면서 원장 선생님한테 물어봐 주시겠다고."

다시 돌아간 어린이집에서, 수정의 월급은 이제야 100만 원을 넘었다. 기존에 4·5세 저연령을 주로 맡던 수정이 처음 7세 반을 경험하게 되면서 달라진 커리큘럼에 적응해야 했다. 누리과정(어린이집과 유치원에 다니는 만 3~5세 어린이들을 위한 공통 표준 교육)을 습득하기 위해서 대학 교육원에서 별도의 공부도 했다. 자폐 아동을 처음으로 학급에서 만나게 되면서 당황도 하고, 스스로도 많이 배웠다고 수정은 털어났다. 하지만 1년이 채 지나지 않아 수정은 일자리를 잃었다. 원아 수 급감에 따른 권고사직이었다.

"(어린이집에) 가장 늦게 들어온 내가 나가야겠다고 원장 선생님이 말씀하셨어."

그즈음부터가 수정과 연락이 잘 닿지 않던 시점이다. 수정은 "일을 그렇게 그만두고 나니까 의욕이 없더라고… 내 상황이 너무 안 좋다 보니까 그런 걸 막 드러내서 얘기하기도 그렇고"라고 했다. 이후 줄곧 어린이집 교사 일자리를 찾아봤지만, 다른 어린이집도 영아수 급감으로 사정은 비슷했다. 영아반(0~3세) 교사를 구하는 일은 간혹 있었지만, 수정처럼 영아반 미경험자인 데다(수정은 4~5세, 7세반만 경험했다) 미혼인 여성은 선호하지 않았다. "아무래도 아이 돌봄의 경험이 많은, 기혼자 샘들을 찾더라고." 그래서 에어컨 부품 조립 공장, 우체국 등에서 단기 알바를 전전했다. 이후 지자체에서 하는 청년 공공근로를 통해 지역아동센터에서 다문화 가정, 차상위 계층 아이들의 방과 후 활동을 보조하고, 주민센터에서 민원 안내하는 일 등을 단기 계약직 형태로 했다. "한 달에 130~140만 원 정도 받아. 최저 시급이긴 하지만 간식비도 나오고 연차도 지원되고… 일하는 거에 비해서 돈이 짜지는 않아." 약간의 시차를 감안하더라도, 수정이 보육교사로 일할 때보다 더 많은 월급이다. "일이 다르긴 한데 노동 강도 같은 걸 생각하면 사무직이 나은 거 같아. 어린이집 교사는 워낙 박봉이고, 중노동을 해야 하는 직업이니까."

청년 공공근로는 만 34세까지만 지원이 가능하다. 수정은 주민센터를 옮겨가며 세 번의 계약직을 더 거친 후, 지금은 구직급여를 받으며 쉬고 있다. 주민센터에서 일하며 알게 된 '임기제 공무원' 일자리가 주 관심사 중 하나다. "나는 주민센터에서 일하시는 공무원들은 다 평생직장인 줄 알았는데, 그게 아니더라고. 함께 일하던 분들이 임기제 하면 좋겠다고 많이 얘기해 주셔서… 그것도 알아볼 생각이야."

Q. 수정이 생각하는 좋은 직업이란?

A. 돈과 명예를 둘 다 가질 수 있는 직업. 모두가 그 직업을 들었을 때 '부럽다'는 말이 나오는 직업. 그런 말이 나오는, 모두가 인정할 수 있는 직업이 좋은 직업이지 않을까.

대학을 졸업한 지 10여 년을 훌쩍 넘겼지만, 수정은 현실이라는 불평등한 밀림에서 자신의 길을 찾아 미래를 도모하는 중이다. 현실을 좇아서도, 자신의 꿈을 따라서도 살아본 지난 14년의 세월에서 수정은 거부할 수 없는 돈의 필요도, 그 와중에 나를 지키는 일의 중요성도 뼈저리게 느낀다. "엄마가 '이젠 알바가 아닌 제대로 된 직장을 잡아야지'라고 하시는데 욕심낸다고 되는 것도 아니고 조급해한다고 되는 것도 아니니까… 사실 지금은 '뭘 해야지'라는 생각을 좀 안 하고 있어. 너무 나를 스스로 괴롭히기 싫어서."

5. ──────

프리랜서 'N잡러'의

────────── 삶:

미나리, 채운

꿈을 이루고 난 뒤부터가 진짜 현주 작성

1989년생 미나리(활동명) | 전 에미레이트항공 승무원 | 유튜브 채널
<Hello 미나리> 운영, 쇼호스트, 영어 강사

우리는 승무원 퇴사를 검색하다가 유튜브에서 미나리(34)의
클립을 만나게 되었다. 섬네일은 낮은 모래 언덕과 활주로가 겹
쳐진 배경 앞에 한 여성이 캐리어를 끌고 걸어오고 있는 모습이
다. 베이지색 단정한 유니폼에 걸친 빨간색 모자와 그와 비슷한
색의 립스틱, 아이보리 실크 스카프, 진한 적색의 핸드백이 눈에
띈다. 크고 굵은 빨간색 글씨로 표시된 '퇴사'가 제법 결연해 보

인다. 영상이 시작되면 빨간 모자, 스카프, 자켓을 하나씩 벗어 던지는 뒷모습이 슬로모션으로 잡힌다. 아름답고도 인상적인 장면이다.

승무원은 대표 여초 직군이긴 하지만 교사나 간호사처럼 자격이 증명되는 직업은 아니다 보니 퇴사 사례를 많이 발견할 수 있었다. 승무원을 그만두고 'SNS 인플루언서'로 살아가는 이들도 꽤 많았다. 하지만 많은 사례에 비해 인터뷰 섭외가 쉽지는 않았는데, 그렇기 때문에 조회수 167만 회의 클립의 주인공이 우리의 의뢰에 응해준 것이 매우 감사한 일이었다. 미나리의 퇴사 영상을 쭉 시청해 보니 내레이션이 은유적이고 편집은 감각적이었다. 온라인 회의실에서 만난 미나리에게 물었다. "영상이 예쁘고 보통이 아닌데, 혼자 만드신 건가요?" "제가 혼자 독학해서 만든 거예요."

승무원 브이로그에서 드러나는 유니폼이 잘 어울렸던 미나리는 어릴 때부터 승무원을 꿈꿨다고 한다. 엄마께서 '너는 승무원하면 잘할 것 같다'라고 지나가듯 하는 말을 미나리는 가슴에 품었다. "그때부터 승무원이 뭐지, 하고 딱 봤는데 너무 멋있는 거죠. 유니폼을 입고 공항을 걸어가는 딱 외적으로 보이는 그 모습을 보고 멋지다, 한번 해보고 싶다, 여행 같은 것도 가고 싶다하는 단순한 느낌에서 꿈을 꿨다가 대학생 때는 그 꿈이 좀 구체화가 됐어요."

엄마가 기억하는 미나리의 어린 시절은 자유분방 그 자체였다고 한다. "백화점에 아기인 저를 데리고 갔는데, 엄마가 물건 고르는 사이에 사라졌대요. 한 군데에 가만히 있지 못하고 막 돌아다니는 성격인 거죠. 사람도 좋아하고 개방적인 문화도 잘 받아들이고요."

미나리의 승무원 준비 과정은 어땠는지 궁금했다. 미나리는 영어영문학을 전공했으니 외항사 입사가 수월하진 않았을까? "저는 처음부터 해외로 가고 싶어서 국내 항공사는 응시를 안 했어요. 그리고 취업 준비하는 동안 1년 반을 계속 떨어졌어요. 자꾸 떨어지니까 '내가 외모가 부족한 건가' 하면서 스스로 패배자 같은 느낌도 들었죠. 시간이 지나면서 외모 때문은 아니고 면접 스킬이 부족해서 그랬다는 것을 깨달았어요. 에미레이트항공에 합격하기 전에 정말 마지막이라고 생각하고 짐 싸서 해외에서 한 달 반을 체류했어요. 각국에서 열리는 외항사 오픈데이(해외 현지에서 진행되는 객실 승무원 면접)에 닥치는 대로 참여했거든요."

힘들었던 준비 과정도 추억이 되었다. 미나리는 승무원이라는 직업에 대해 아직도 '꿈'이라고 말한다. "어릴 때부터 꿈꾸고 계속 도전했던 직업이잖아요. 그만큼 저를 설레게 하는 직업은 없는 것 같아요. 지금 다른 걸 하고 있는데도 불구하고요."

혹시 기대가 컸던 만큼 실망도 컸을까. 승무원을 하면서 준비 전 상상한 것과 어떤 괴리가 있었는지 물었다. "승무원이라는 직업은 항상 인스타라든지 사진 보면 여행지 가서 웃고 있고 전 세계를 돌아다니고 이런 면만 보이잖아요. 그 승무원들의 사진은 사실 비행이 끝난 뒤의 사진들이었던 거죠. 그래서 기내 안에서는 어떻게 일할지는 그냥 상상에 맡겼었어요."

에미레이트항공에서 근무하다 보니 미나리는 세계 여러 나라의 승객들을 만났다. 그중에는 문화적인 차이 때문에 본의 아니게 기내 서비스에 방해가 되는 행위를 하는 사람들도 있었다고 한다. "상상도 못 했죠. 갤리[59]에 대변을 볼 줄은요. 화장실 문을 열 줄 모르는 승객이 문을 부수기도 하고요. 그리고 서비스업이다 보니 감정의 쓰레기통 역할은 당연히 해야 하고요."

실제로 해보지 않아서 예상하지 못했던 현장에서의 힘듦도 있었지만 미나리는 에미리에트에서 일할 때 좋은 점이 더 많았다고 한다. "에미레이트라는 회사를 정말 좋아했어요. 인생에 있어서 너무 큰 선물을 받았다는 느낌이 들었거든요. 제가 언제 키르키즈스탄이나 몽골에서 온 친구에게 그들의 역사를 실제로 들어볼 일이 있겠어요. 같이 일하는 크루들이 참 좋았던 거죠. 저보다 10년 넘게 일한 사무장도 정말 그냥 친구 같았어요. 신입이 실수를 해도 재치 있게 넘어가는 모습도 인상깊었고요. 여기는 일하는 구성원들이 멋있으니까 이 항공사가 커지는구나 생각

---

59 승무원이 승객에게 서비스할 식음료 등을 준비하는 공간.

4장 —— 알을 깨는 여자들 247

했죠. 그만둘 때도 사람이 제일 아쉬웠어요. 이제 저 친구들이랑 같이 일을 못 하는구나 하는 슬픔이요." 보통의 직장인들은 일이 힘든 것보다 사람이 힘들게 하는 것을 더 고통스러워하는데 미나리는 함께 일하는 동료들과 헤어지는 게 아쉬웠다고 했다. 흥미롭기도 하고 부럽기도 하다. 크루들과의 관계 말고도 미나리가 승무원이 되기 전에 예상했던 직업의 장점인 '여행'에 대해서도 물었다. "여러 나라를 갈 수 있는 점이 좋았죠. 여행을 좋아하는 사람에게는 승무원은 역시 좋은 직업이에요."

어느 나라 비행이 제일 좋았냐고 물었다. 유럽이나 미주 중에서 답이 나오겠지 예상했는데 답변은 의외였다. "한국 비행이죠. 크루들은 자기 본국에 가는 걸 좋아하니까요. 게다가 한국 승객들은 굉장히 젠틀한 편이라 쉬운 비행에 속해요. 얌전히 자다가 식사 시간 되면 조용히 먹고 기본적으로 친절하고요. 다른 크루들이 한국 사람들 정말 젠틀하다고 했을 때 자부심을 많이 느꼈죠."

미나리는 가족을 만날 수 있는 한국 비행을 가장 좋아했지만 원하는 만큼 올 수는 없었다. "보통 1년에 두세 번 정도 들어온 것 같아요. 길게는 7개월 만에 온 적도 있고요." 아무리 외항사에서 일하기를 원했다고 할지라도 한국이 그립지는 않았을까. "엄청 외로웠죠. 결국 그 사무치는 외로움이 퇴직을 결정하는 데 가장 큰 영향을 줬어요. 언젠가 제 생일을 이탈리아 베네치아에서 보낸 적이 있어요. 로맨틱하게 들리죠? 베네치아에서 크루들이 축하해 주고 같이 밥도 먹었는데 뭔가 가슴 한구석이 텅 빈 기분이라고 해야 하나. 호텔에 들어오는 순간 슬퍼서 막 울었어요. 승무원을 그만두지 않으면 계속 두바이에서 혼자 살아야 하니까요. 특히 아플 때 제일 서러웠죠. 감기 걸린 채로 비행을 하면 귀가 터지는데 고질병이에요. 입사 초반에도 귀에 피가 고여서 한쪽 귀가 잘 안 들리는 채로 일을 했었어요."

미나리가 퇴사를 고민하게 된 것에는 코로나19도 한몫을 했다. 미나리는 언젠가는 한국에 들어갈 거라 생각을 하고 있었는데, 코로나 때문에 공항이 문을 닫자 한국에 들어가지 못하는 상황이 힘들었던 것이다. "거기에 오래 근무한 한국인 선배들이 언젠간 그만둘 거면 한 살이라도 어릴 때 한국 들어가라고 하더라고요. 서른다섯 넘어서 들어가면 한국 가서 뭐도 안 된다고요. 연차가 쌓이면 퍼스트 클래스에서 근무하기 때문에 몸도 편해진대요. 그때 되면 월급도 오르니까 한국에 들어가서 무언가를 다시 시작하기가 힘든 상황인거죠. 그래서 저는 계속 에미레이트에 남든지 아니면 그만두든지 결정을 해야 했어요."

에미레이트항공은 평균적으로 근무 연수가 짧은 것인지 정년까지 근무하는 것이 가능한지 궁금했다. "그곳은 정규직 개념은 없고 3년마다 재계약을 해요. 별일 없으면 무한정 재계약을 할 수는 있어요. 항공사에는 1989년에 입사하신 직원분들도 있었어요. 근데 계속 일하라고 해도 전 건강이 안 받쳐줄 것 같아서 못 해요."

에미레이트항공에서 퇴사하고 한국으로 돌아온 미나리는 'N잡러'의 삶을 살고 있다. "제 어릴 적 꿈이 1위가 승무원이면 2위가 쇼호스트였거든요. 지금은 스마트스토어를 열어서 1인 셀러로 활동 중이에요. 라이브 커머스 쇼호스트 강사로도 강연을 다니고 있고요. 오픽OPic[60] 강사도 하고 있어요. 영어를 좋아하니까 학원에서 학생들을 일대일로 가르쳐요."

미나리는 N잡러로 살고 있는 현재가 마음에 든다고 했다. 하는 일이 온전히 내 것이 되기 때문이다. 수입적인 측면에서는 어떤 생각일까. 우리는 돈에 관한 질문을 던졌다. "승무원으로 근무할 때는 원화로 따지면 350만 원 정도를 받았어요. 체류비가 다 지원이 되니까 월급을 거의 다 저축할 수 있었거든요. 에미레이트에서 들은 얘기인데 어떤 한국인 승무원이 진짜 돈을 바짝 모아서 3년 만에 1억 만들고 퇴사한 분이 계셨대요. 레전드죠. 저는 지금은 프리랜서니까 수입도 들쑥날쑥하고 월세부터 기름값, 생활비, 교통비 등 빠져나가는 것이 많죠. 돈을 모으기가 힘드네요. 예전에 친구들이 돈 모으기 힘들다고 할 때 공감을 못 했는데 이제는 무슨 말인지 알겠어요."

---

60 실생활 커뮤니케이션 외국어 역량을 평가하는 외국어 말하기 평가.

Q. 미나리가 생각하는 좋은 직업이란?

A. 일하면서 내가 행복한 직업이요. 엄청난 의미부여를 하기보다도 내가 일할 때 보람 있고 이 직업을 갖고 있는 게 감사하다고 느끼면 좋은 직업인 것 같아요. 승무원으로 일했을 때 그런 느낌을 받았었어요. 직장인이 월급 받아서 맛있는 거 사 먹으면서 행복해지면 그것도 좋은 직업이라고 할 수 있죠. 나를 행복하게 하는 요소가 있으니까요.

프로 N잡러의 길을 걷고 있는 다재다능한 미나리가 앞으로 한국에서는 어떠한 행복을 찾을지 궁금하다. '이제는 일을 그만 벌여야겠다'며 웃는 화면 속 미나리의 모습에 덩달아 기분이 좋아졌다.

죽고 싶다고 말하니 그제야 이해받다 현주 작성

1987년생 채운(가명) | 전직 초등교사 | 번역 및 영상 편집 프리랜서

우리가 채운을 알게 된 것은 유튜브를 통해서였다. '초등교사 사직'을 검색하니 23만 뷰[61] 이상의 클립이 눈길을 끌었다. 채운

---

61 2023년 11월 기준.

의 SNS 계정을 찾아 메시지를 보냈다. 책의 취지를 설명하고 인터뷰를 요청했더니 흔쾌히 만나겠다는 답변이 돌아왔다.

서울 합정 근처 카페에서 만난 채운은 앳돼 보였다. 채운은 캐주얼 차림의 편안한 모습으로 우리를 반겨주었다. '유튜브에 영상을 올려준 덕분에 사례자로 찾을 수 있어서 감사하다'는 인사에 자신을 홍보할 채널이 필요해서 유튜브를 시작하게 되었다는 대답이 돌아왔다. "나를 알릴 채널이 필요하더라고요. 사실 유튜브라는 포맷이 가장 품이 덜 들어요. 특히 그냥 카메라를 앞에 세워놓고 앉아서 얘기하는 형식은 어려운 편은 아니에요."

'교사 사직'에 대한 클립에 대해 물었다. "사실 그게 그렇게까지 터질 줄은 몰랐어요. 웃긴 게 연말 연초마다 조회수가 폭발해요. 평소보다 몇 배 뛴 조회수를 보면 다들 참 많이 그만두고 싶구나 생각하죠." 채운은 어떤 이야기를 채널에 내보낼까 고민하다가 주변에서 교사 그만둔 이야기를 해보라는 권유에 영상을 찍게 되었다고 했다.

채운은 2009년 첫 발령을 받아 6학년을 가르쳤다. 나 역시 같은 해에 신규 교사 생활을 시작했다. 당시에는 신규 교사에게 6학년을 맡기는 것이 자연스러운 일이었다. 채운도 나도 멋모르고 나이 차이도 얼마 안 나는 초등학교 최고참을 가르쳤다. 지금 생각해 보면 그건 '신입 환대'가 아닌 '신입 학대'였다. 학교에 대해 가장 잘 아는 학생들 가운데에 어리바리한 신규 교사를 밀어

넣다니. 학교 입장에서는 원로 교사보다는 신규 교사가 학생들의 무시를 덜 받을 것으로 여겼을지도 모른다. "애들이 알더라고요. 제가 독한 사람이 아닌 걸. 일기에 '우리 선생님은 너무 착하신 것 같아요'라고 쓰여 있는 걸 보고 큰일 났구나 싶었죠. 그러면서도 동시에 제가 아이들을 컨트롤하려다 보니 종일 화만 내게 되는 거예요." 채운의 영상에서 본 '학교에서 근무할 때 미간 사이에 내 천川 자가 없어지지 않았었다'는 이야기가 떠오른다.

채운은 교사라는 직업이 맞지 않는다는 것을 알았던 순간부터 아이들에게 미안했다고 한다. "내가 웃으면서 얘기하는 게 힘든데 학생들은 과연 기분이 좋을까 걱정이 되었죠. 그치만 아이들이 내뿜는 '이 사람은 무시해도 된다'의 느낌은 힘들었어요. 전형적인 강약-약강."

학생들과의 힘들었던 기억을 떠올리는 채운에게 미안한 질문을 던졌다.

Q. 언제 가장 그만두고 싶으셨나요?

A. 저는 사실 1년 차 때부터 이미 그만두고 싶었어요. 매 순간 이 직업은 나와 맞지 않는다고 생각했어요. 근데 내가 초보라서 그만두고 싶은 것일 수도 있잖아요. 익숙해지면 괜찮아질 수도 있으니까. 그래서 참고 좀 더 다녀보자 싶었죠.

채운은 첫 학교에서 3년 차까지 버텼다. 3년 차에 번아웃이 왔어도 중간에 그만둘 수가 없었다고 한다. 본인이 사직을 하면 학생들 담임이 중간에 바뀌는 것이 미안해서였다. 대단한 책임감이다.

"어느 날 집에 있는데 아침에 일어나기도 싫고 밤에 자기도 싫은 거예요. 밤에 자면 아침에 일어나야 하니까요. 학교에서 퇴근하기도 싫은 거예요. 퇴근하면 또 출근해야 하니까. 출근 준비를 하는데 이런 생각이 들었어요. '가다가 차에 콱 치여버렸으면 좋겠다.' 내 의지로 안 갈 수는 없으니까 타의로 인해 안 갈 수 있으면 좋지 않을까 하는 생각이 들었어요." 채운은 출근과 퇴근을 모두 하기 싫은 지경을 넘어 어느샌가 '어떻게 죽을까'라는 구체적인 상상을 하고 있었다고 한다. 그러고는 정신을 차렸다. "내가 왜 이러지, 이렇게 죽을 거라면 학교 그만두면 되지, 이게 뭐라고…"

채운은 부모님과 떨어져 살고 있었기 때문에 전화로 사직에 대한 이야기를 할 수밖에 없었다. "사직서 내기 직전에 부모님께 거의 통보 형태로 말씀드렸어요. 근데 후회가 돼요. '죽고 싶었다' 그런 얘기를 부모님께 하지 말걸." 채운이 사직한 지 10년이 지났지만, 당시 부모님의 마음을 아프게 한 것에 대한 죄송한 마음이 아직도 떠오르는 듯하다. 멀리 계시는 부모님이 당시 채운의 안색을 볼 수 없었던 것이 다행일지도 모른다. "제 발령 동기한테 제일 먼저 사직하고 싶다고 말을 했었는데 처음에는 놀라더라고요. 그런데 제가 빈 교실에서 울고 있는 걸 보기도 했었고, 제 얼굴이 점점 죽어가는 거를 다 봤으니까 이해를 해줬죠. 학교 선생님들은 제 상태를 보고 다 이해를 하셨어요. 제가 부모님과 함께 살았으면 제 상태를 보고 먼저 그만두라고 하셨을 수도 있어요."

Q. 사직 후 어떻게 지내시나요?

A. 제가 지방에서 교대를 나오고 서울로 임용을 본 이유가 퇴근하고 대학로 가서 좋아하는 연극을 보기 위해서였어요. 교사로 일하면서 직장인 연극 동아리에도 들어가고 극단에서 조연출도 경험해 봤죠. 사직 후 3년 정도는 방황을 했어요. 자격증도 따고 단순 아르바이트도 해봤고요. 학교로 시간 강사도 가봤는데 금세 후회했죠.(웃음) 지금은 영상 촬영 및 편집 기술을 배워서 낮에는 그 일을 해요. 밤에는 아르바이트로 번역 일도 하고요.

채운은 원래 통번역을 전공하고 싶었다. 하지만 부모님께서 교사를 강권하셨다. 결국 돌고 돌아 채운은 번역 관련 일을 병행하며 N잡러로 살고 있다. "연기를 하고 싶어서 서울에 왔지만 연기 빼고는 다하고 있다"라며 채운은 멋쩍게 웃었다.

채운은 사무직 면접을 보러 가서 부당한 대우를 당했을 때 교사가 정말 좋은 직업이었다는 것을 눈물 나게 느꼈다고 말했다. "먹고살기 힘들 때마다 학교를 떠올리긴 해요. 제 삶의 원동력이에요. 스스로 질문을 던지죠. 지금 힘드니? 아니면 그때가 더 힘들었어? 학교로 돌아가고 싶냐고 질문할 때마다 대답은 '아니'예요. 사직 후에 힘든 것은 제가 선택한 상황이기 때문에, 제가 원해서 힘든 거니까요."

Q. 교사를 꿈꾸는 사람에게 해주고 싶은 말이 있다면?

A. 교사를 하고 싶은 이유가 무엇에서 비롯되었는지가 중요한 것 같아요. 만약 '안정성'을 바란다면 다시 한번 생각해 보라고 권유할 거예요. 안정성만 보고 무책임한 자세로 가질 직업은 아니에요. 대충 하는 교사가 될 수도 있지만, 대충 해서는 안 되는 직업이에요. 바깥세상에서는 내가 실수하면 돈으로 때우거나 어찌 됐든 스스로 책임지면 되잖아요. 그런데 학교에서는 교사가 무엇을 잘못하면 한 아이의 인생이 잘못될 수도 있다는 부담과 책임감이 커요. 남의 인생에 영향을 준다는 것이 상당히 부담스러운 일이기 때문에 그 부분도 꼭 고려해야 해요.

또 하나의 '알깨녀',
나를 인터뷰했다

현주

'직때녀'들에게 했던 질문을 스스로에게 던져본다

Q. 퇴직 후에 어떻게 지내는지 일상을 말해주세요.

A. 일단 저는 저의 스케줄대로 움직이지 않습니다. 우선 순위는 아이들의 일정이에요. 아이들이 먹고, 자고, 하는 일들의 타임테이블에 종속이 되어 있습니다. 강연을 가거나 특별히 밖에 나가서 일을 해야 할 때는 대신 아이를 돌볼 사람이 꼭 있어야 하는 상황이에요. 최근에 『돌봄과 작업』이라는 책을 읽었는데요. 엄마로서의 자아와 직업인으로서의 자아, 두 마리 토끼를 다 잡으려고 애를 쓰는 사람들에 대한 이야기입니다. 그들이 서술한 삶과 제 일상이 많이 닮아 있으니 시간이 되신다면 그 책을 읽어보시길 권해요. 재미있습니다. 한마디로 아이

를 돌보고 남는 시간에 일을 한다고 보면 됩니다. 물론 아이들이 커갈수록 제 시간이 점점 더 많아질 거라는 기대가 있습니다. 그렇게 틈틈이 작업을 해서 2023년 가을에는 『내 아이를 지키는 성인지 감수성 수업』이라는 책을 내기도 했어요. 지금은 자정을 넘긴 시각에 주방 아일랜드 식탁에 서서 노트북으로 에필로그를 쓰고 있지만요.

Q. 교사를 그만둔 것을 후회하진 않으셨나요?

A. 이 세상에 절대 후회하지 않는 일이란 것이 있을까요. 그렇지만 저는 의식적으로 후회라는 단어를 인지하지 않고 삽니다. 예를 들어 주식 투자에 100만 원을 넣어서 반토막이 되었다면 '그때 그걸 사지 말걸'이라는 후회보다는 '50만 원 잃어버렸다고 치자' 하며 정신승리를 세게 하는 편입니다. 2022년 봄에 사직을 하고 바쁘게 지낸 뒤 연말에 불안감이 몰려든 적도 있었어요. 건강보험료도 스스로 내야 하고, 수입이 일정치가 않은 데다가 공무원 연금도 다 일시불로 받아버렸으니 낭떠러지 끝에 서 있는 느낌이 들더라고요. 하지만 저는 안락한 곳에 있으면 안주하는 성격인 것을 잘 알기에 믿을 구석이 없는 편이 나아요. 프리랜서의 삶을 열심히 꾸려나가려고 합니다. 공무원으로서의 단점을 버리려고 퇴직했으니 공무원의 장점인 연금 같은 것은 제 스스로 대안을 찾아봐야겠죠. 인생이

길긴 하지만 계획을 세우고 사는 스타일은 아니라, 오늘 하루 저에게 주어진 것에 충실하려고 해요. 그러니 후회해도 뭐 어쩌겠어요. 제가 가진 잠재력을 믿는 수밖에요.

Q.『직업을 때려치운 여자들』을 쓰면서 힘들었던 점은 없나요?

A. 슬기님과 함께한 작업은 정말 즐거웠습니다. 글밥 먹고 사는 슬기 기자와의 협업이 아니었다면 이 이야기는 완성될 수 없었을 거예요. 다양한 인터뷰이를 만나는 것도 사람을 좋아하는 저로서는 굉장히 행복한 일이었고요. 인터뷰를 거절하신 분들도 있었지만 거기에 대해 상처받거나 하진 않았어요. 오히려 저희의 의뢰를 반갑게 맞아준 서른다섯 분들에 대한 감사함이 더 커요. '다른 사례자가 있다'라며 소개를 시켜주시기도 하고요. 처음에는 이게 될까 싶었는데 어느새 이렇게 책 한 권의 이야기가 나왔네요. 힘들었던 것은 아무래도 원고를 쓰면서 인터뷰이들의 의미를 퇴색시키지 않으려는 지점에서 왔던 것 같아요. 기꺼이 이야기를 들려주셨는데 저로 인해 오해가 생기면 안 되니까요.

Q. '직때녀'중 한 명으로서 앞으로의 계획은요?

A. 일단은 책이 잘 나와서 많은 분들이 읽어주셨으면 하고, 계획은 딱히 없어요. 그냥 제가 할 수 있는 것을 묵묵히 하고 일

거리 의뢰가 들어오면 최선을 다하는 것밖에는요. 이제 프리
랜서 걸음마 단계이기 때문에 무엇을 선택하고 계획할 깜냥이
되지 않습니다. 주변이, 세상이 저에게 원하는 것을 제 능력 안
에서 잘 해내는 것이 매일의 목표이고 계획입니다.

Q. 현주가 생각하는 좋은 직업이란?
A. 자본주의 사회에서 합당한 가치를 평가받는 직업이요. 밥
벌이는 모두 힘들고 직업에는 귀천도 없지만 평가 절하되는
직업은 좋은 직업이 아닌 것 같아요. 사람에게는 내적 보상이
나 보람, 정신적 충만함이 정말 중요하지만 그것만 가지고 살
수는 없거든요. 외적인 보상도 정말 중요해요. 그러니 우리 사
회에서 합리적인 이유 없이 제 가치를 인정받지 못하는 직업
이 있다면 그건 바뀌어야죠. 그것이 저희가 '직때녀'에 관심을
가진 이유 중 하나이기도 해요.

교사를 그만두고 가장 먼저 실행한 프로젝트가 바로 슬기와
의 '직때녀' 탐구다. 만약 내가 현직 교사라면 '교사의 노동이 이
런 지점에서 힘듭니다'라는 것이 그저 푸념이나 밥그릇 투정으로
비칠 수도 있었을 것이다. 그런 의미에서 전직 교사만 할 수 있는
이야기를 학교 밖 사람들에게 솔직하게 외치고자 한 이 작업은,
전 직장에 대한 마지막 예의이자 애정이다.

막바지 작업에 박차를 가하던 와중, 추이를 지켜보던 서이초 사건이 '학부모 혐의 없음으로 종결'되는 것을 바라봤다. 이제는 언론에서 다루어지기 어려울 영원히 퇴근하지 못한 서이초 선생님의 그 이야기가, 우리가 만난 인터뷰이들의 목소리와 함께 다시 재생되고 상기되었으면 좋겠다.

나는 여초 직군에 종사했던 당사자로서, 슬기는 관찰자로서 여성 직업인의 삶을 따뜻하지만 예리한 눈길로 바라보려고 노력했다. 엉성했던 기획을 매끄럽게 다듬어 주고, 독백으로 끝날 수 있던 불평을 구조적인 진단으로 명료화시켜 준 슬기에게 깊은 감사를 표한다. 우리의 글이 개인에게 혹은 사회에 어떠한 메시지를 줄 수 있을지는 예상하기 어렵다. 우리가 여성의 모든 직업을 다루지도 못했기 때문에 커다란 반향을 일으킬 거라 생각하지도 않는다. 다만, '여자 하기 좋은 직업'이라는 이 단순한 편견에 흠집을 내고 싶다. 그리고 직업이 있든 없든, 우리와 동시대에 사는 한국 여성들이 조금 더 행복해지길 바란다. 그뿐이다.

'직때녀'를 쓰다
직때녀가 되었을 때

슬기

의도한 건 아니지만, '직때녀'를 쓰다 보니 직때녀가 됐다. 2022년 12월, 나는 9년 다니던 신문사에서 퇴직했다. 실질적 나의 첫 직장이었고, 한때는 의문의 여지 없이 여기서 정년을 맞으리라 여겼던 곳이었다. 마지막으로 노트북을 반납하고, 동료들에게 일일이 악수를 청하며 인사를 나눈 후에도 이게 정말 끝인지 자주 뒤돌아보게 됐다. 내 소식을 전해 들은 업계 동료의 상사는 이런 반응을 보였다고 한다. "그래, 그 친구 남편은 뭐 하는 사람이야?" 남편이라고요? 저 그런 거 없는데요.

나에게 퇴사란 '무엇이 되겠다'는 명확한 비전을 갖고 결정한 일은 아니었다. 오히려 무엇이 내게 맞을지 좀 알아보자고 선택한 퇴사였다. 기자 일은 내게 '애愛'와 '증憎'이 정확히 반반 섞인 일이었다. 각계각층의 다양한 사람들을 만나 그들에게서 직접 듣고 그를 기사로 옮길 수 있다는 점은 엄청난 메리트였다. 그러나 일간지의 호흡상 특정 이슈를 중계하듯 단편적으로 다루는 데서 오는 근원적인 아쉬움이 있었다. 또한 사회부, 문화부, 젠더연구소, 사회정책부, 국제부 등 언론사 편집국 내 여러 부서를 거치면서 느낀 점 하나는, 나는 관심 있는 이슈와 관심 없는 이슈를 다룰 때의 낙차가 매우 큰 사람이라는 것이었다. 쓰고 싶은 글만 쓰고픈 마음이 점점 커져만 갔다. 결국 나는 '쓰고 싶은 글만 쓰자'는 것 외에 아무 다짐도 목표도 없이 회사를 나왔다. 나머지는 쉬면서 생각해 보자는 심산이었다.

첫 한 달은 그저 놀았다. 일주일 정도 제주도 여행도 다녀오고 보고 싶던 사람들을 실컷 만났다. 1인 2묘 가정의 가장으로서, 고양이들과 시간 가는 줄 모르고 집에서 놀았다.

두 번째 달서부터는 아주 간혹 나를 찾아주는 사람들이 있었다. 나는 퇴사 직전 2년간 젠더 담당 기자로 일하며 성평등 이슈를 삶과 일이 일치하리만치 몰입해서 취재했었다. 그러나 소기의 성과를 달성하지 못해 늘 '아픈 손가락' 같은 분야기도 했다. 나를 찾는 사람들은 다들 나를 '젠더 기자'로 기억하고 불러줬다. '백래시'를 주제로 한 토크 콘서트에서 강연을 하거나, 라디오에 젠더 이슈를 소개하는 패널로 불리는 식이다.

물론 그런 것들은 보조적인 돈벌이 수단일 뿐, 근본적으로 가계 경제에 도움이 되진 않는다. 보다 직접적인 수익원은 퇴직금과, 회사 사옥의 이전으로 인해 통근이 어려워져 받을 수 있었던 구직급여다. 밥벌이를 위해서는 어쩔 수 없이 회사에 취업을 하거나, 사업을 하거나, 프리랜서로서 'N잡러'로 거듭나거나 해야 할 것이다. 그러나 나는 최대한 그런 결정을 미뤘다. 내 인생에도 일시 정지가 필요하다는 생각하에, 내가 좋아하는 일이 무엇이며 뭘 잘할 수 있는가를 찾는 일에 보다 많은 시간을 할애했다. 회사 다닐 때는 엄두를 못 냈던, 소설 습작 수업을 들어보고, 궁금하던 직업 세계인 '출판사 편집자' 일을 알아보고 싶어 1인 출판사 대표님을 줄곧 따라다니기도 했다. 뜬금 예능 프로그램 〈최강야구〉에 빠져서 신입 제작 PD로 지원도 해봤다. (결과는 장렬한 서류 탈락이었다.) 누군가에겐 '뻘짓'일 그것을, 나는 밥벌이 10년 차의 '턴어라운드'라 부른다.

직때녀들을 만나다 보면 하나같이 회사에서는 '나'로서 사는 일이 힘들었다고 말한다. 초등학교 때부터 평생의 꿈이 기자였고, 결국 기자가 됐던 나 또한 그랬다. 그렇다고 무조건 프리랜서가 되거나 사업체를 차리는 것이 유일한 방편만도 아닐 것이다. 글쎄, 난 잘 모르겠다. '100세 인생'에 나라는 몸뚱어리를 데리고 잘 살기 위한 계획을 짜는 일이, 생각보다는 길어질 거 같아 머리가 아프면서도 꽤 재밌다.

나 같은 여자들이, 어디에 있든 자기 본위대로 살 수 있었으면 한다. 세상이 정한 '여자는 이래야 해'라는 성별 고정관념이나, 여자에게만 부과된 돌봄 노동의 무게에 치이지 않고, '나'라는 인물을 파악하는 데 오랜 세월 공을 들였으면 한다. 세상을 향한 레이더도 부지런히 돌려가면서, 나라는 인물의 욕구와 세상의 니즈를 적당히 맞춰가면서, 혹은 없는 길도 새롭게 개척하면서.

직때녀들을 만나며 나 역시 많이 배웠다. 그들은 스스로를 알아가는 일에 충실했고, 세상을 알아가는 일에도 그 못지않게 부지런했다. 어려서부터 자신이 하고 싶던 일을 찾아 떠나거나, 부업으로서 본업과의 슬기로운 공존을 꾀했다. 세상에 없던 시스템을 만들기 위해 창업에 나서고, 노동조합을 만들어 불합리한 일을 타파하는 데 뛰어들기도 했다. 그들의 삶에서 자극받아 결국 나도 직때녀가 된 것 같다. 결단코(아마도) '직때녀'가 없었으면 나의 퇴사는 없었을 것이다…

이 책은 전통적으로 '여자 하기 좋은 직업'에 종사했던 여자들의 새로운 삶을 다룬다. 1980년대 출생 여성들에게는 절대적으로 좋은 직업이라 여겨지던 교사, 간호사, 승무원, 방송작가들의 실상과 이를 넘어서기 위해 분투한 여자들의 노고를 그린다. 해당 직업들에는 모두 기쁨과 슬픔이 공존한다. 그러나 '여자하기 좋은 직업'이라는 사회적 프레이밍으로 과도한 돌봄 노동을 강요받거나 처우 개선이 정체된 한편으로 성적 대상화에 쉽게 노출됐던 직업이기도 하다.

수많은 여자들이 지적하듯 애초에 '여자 하기 좋은 직업'이라는 말 자체에 어폐가 있다. 그 말은 육아나 살림 같은 가사 노동을 여성의 기본값으로 놓고 이와 병행 가능한 직업으로서 해당 직업들을 선전하거나, 직장에서 결정권자인 남성을 보조하는 역할로 여자의 롤role을 제한해 왔다. 이러한 직업들에 짧게는 1년 길게는 13년가량 투신해 온 여자들은 더 이상 세상의 잣대로 자신을 보는 일을 멈추고 본연의 기질대로 살겠노라 다짐한다.

책을 쓰면서 최선의 노력을 기울였음에도 아쉬움은 있다. 애초 타기팅한 여초 직업군 중 교사·간호사에 비해 상대적으로 승무원이나 방송작가 이야기는 많이 다루지 못했다. 가사노동자나 요양보호사도 우리가 본격적으로 다루지는 못했으되, 전통적인 여초 직업군이다. 후에 나올 저작들에서, 성별 직종분리에 입각한 이들 '여자의 일'에 관한 보다 폭넓은 접근을 기대한다.

책은 현주의 아이디어에서 비롯됐다. 눈 밝고 아량 넓은 공저자가 아니었다면, 책은 세상에 나오지 못했을 것이다. 멋진 파트너를 만난 것에 감사한다. '과년한' 나이에 퇴사한 딸래미를 두고 근심은 많을지언정 최소한도로 표현하는 부모님께도 진심으로 고마운 마음이다. 문을 열면 늘 버선발(고양이에게도 그런 것이 있다면)로 맞아주는 서울이와, 자기 생애의 더없이 귀한 5분의 1을 나와 함께해 주었던 도울이에게 너희들을 알고 내 모든 날들이 행복하다고 전하고 싶다.

마지막으로 헐거운 기획에도 아낌없는 지지를 보내주었던 조연주 편집자, 항상 '칭찬 감옥'에 우리를 가두어 앞으로 전진하지 않을 수 없게 했던 권지연 편집자와 동아시아에 거듭 감사 드린다.

직업을 때려치운 여자들
서로의 레퍼런스가 된 여성들의 탈직장 연대기

© 이슬기·서현주, 2024. Printed in Seoul, Korea

초판 1쇄 찍은날 2024년 1월 15일
초판 1쇄 펴낸날 2024년 1월 23일
지은이   이슬기·서현주
펴낸이   한성봉
편집   최창문·이종석·오시경·권지연·이동현·김선형·전유경
콘텐츠제작 안상준
디자인   권선우·최세정
마케팅   박신용·오주형·박민지·이예지
경영지원   국지연·송인경
펴낸곳   도서출판 동아시아
등록   1998년 3월 5일 제1998-000243호
주소   서울시 중구 퇴계로30길 15-8 [필동1가 26]
페이스북   www.facebook.com/dongasiabooks
전자우편   dongasiabook@naver.com
블로그   blog.naver.com/dongasiabook
인스타그램 www.instargram.com/dongasiabook
전화   02) 757-9724, 5
팩스   02) 757-9726
ISBN   978-89-6262-048-1 03330

※ 잘못된 책은 구입하신 서점에서 바꿔드립니다.

만든 사람들
책임편집 권지연
디자인   권선우
크로스교열 안상준